GUIDE

DU

VOYAGEUR A GRENOBLE,

DANS SES ENVIRONS

ET

AUX EAUX THERMALES DU DÉPARTEMENT DE L'ISÈRE,

Contenant diverses notices historiques, une carte et neuf dessins lithographiés.

Grenoble,

CH. VELLOT ET Cie, LIBRAIRES DE L'ACADÉMIE,

SUCCESSEURS DE PRUDHOMME, RUE LAFAYETTE, 14.

1845.

GUIDE

DU

VOYAGEUR A GRENOBLE,

DANS SES ENVIRONS

ET

AUX EAUX THERMALES DU DÉPARTEMENT DE L'ISÈRE,

Contenant diverses notices historiques, une carte et neuf dessins lithographiés.

Grenoble,

CH. VELLOT ET Cie, LIBRAIRES DE L'ACADÉMIE,

SUCCESSEURS DE PRUDHOMME, RUE LAFAYETTE, 14.

1845.

GRENOBLE. — TYPOGRAPHIE DE F. ALLIER,
Grand'Rue, cour de Chaulnes.

On ne doit pas s'attendre à trouver, dans un ouvrage de cette nature, une histoire complète des lieux que l'on désigne à la curiosité du voyageur. Cependant on manquerait le but, si on ne cherchait à satisfaire que ses yeux, sans tenir compte des plaisirs de l'intelligence.

Que serait, d'ailleurs, dépourvu de toute indication historique, l'aspect non-seulement d'un monument, mais d'un pays, mais d'un site?

Une contrée, si pittoresque qu'on la suppose, n'intéresse pas exclusivement par la hauteur des montagnes, par la richesse de la végétation, par la variété des accidents du sol; c'est là plus particulièrement le domaine de l'artiste qui étudie la nature dans ses détails. Quant au voyageur qui n'a pas de but arrêté, il faut autre chose pour le charmer ; il se lasserait bien vite de la nature morte réduite à elle-même, comme d'une scène où la magie des décorations ne fait pas oublier longtemps l'absence des acteurs. Il s'agit donc de peupler, d'animer les divers lieux par lesquels on le guide, en évoquant quelques faits, quelques noms. Dans un opuscule de ce genre, l'histoire doit descendre des hautes régions qu'elle habite ordinairement, car elle ne doit pas prétendre à enseigner, mais seulement à distraire les personnes qui visitent notre pays. Son rôle est simple, un peu vulgaire; ce n'est ni plus ni moins que celui de *cicerone*. Heureuse encore si elle le remplit à la satisfaction générale.

GUIDE

DU VOYAGEUR A GRENOBLE, DANS SES ENVIRONS

ET

AUX EAUX THERMALES DU DÉPARTEMENT DE L'ISÈRE.

APERÇU DE L'HISTOIRE DU DAUPHINÉ.

Il est nécessaire de donner une idée de l'histoire de la province, pour que le voyageur puisse à l'ensemble rattacher les détails qui passeront sous ses yeux, sans autre ordre que celui des localités qui s'offriront successivement sur son chemin.

Parmi les peuples qui habitaient autrefois ce pays, on doit mettre en première ligne les Allobroges et les Voconces. Le territoire des premiers était circonscrit entre la rive droite de l'Isère, le Rhône, le Léman et les Alpes; celui des Voconces touchait à la rive gauche de l'Isère, dans une portion de son cours, et s'étendait jusque dans la Provence, car Vaison, qui fait aujourd'hui partie du département du Vaucluse, était une des principales cités vocontiennes.

Conquis par les Romains, ces peuples s'assimilèrent à leurs vainqueurs; le sol se couvrit de villes romaines; Vienne acquit les proportions d'une grande capitale où brillaient tous les arts de la métropole, car Martial se glorifiait d'y savoir ses vers applaudis. La pourpre impériale fut disputée plus d'une fois dans ses murs ou à ses portes et elle fut la résidence et le tombeau de plus d'un empereur (1). Plus tard, Vienne fut le siège de la monarchie des Burgundes ou Bourguignons; Gondebaud y régna, mais sa nièce, la vindicative Clotilde, arma contre lui son mari et ses enfants, ensorte que les Burgundes passèrent sous la domination des Francs. L'un des fils de Clovis, Clodomir, perdit néanmoins la vie dans les champs de Vézeronce, en combattant contre un fils de Gondebaud, Gondemar, qui ne fit que reculer de peu de temps la ruine de sa famille et de sa nation.

Avant et après Charlemagne, le pays fut envahi, à plusieurs reprises, par les Maures qui occupèrent à poste fixe les montagnes de l'Oisans et d'autres lieux où ils purent se défendre contre les anciens possesseurs.

Sous les successeurs de Charlemagne, le vaste empire que ce prince avait fondé tendit de tous côtés à se dissoudre, d'abord par fractions considérables qui retinrent le nom de royaume, et ensuite en parties de plus en plus petites. Boson fonda le deuxième royaume de Bourgogne, Vienne fut sa capitale, et l'on voit encore sa pierre tumulaire dans la vieille basilique de Saint-Maurice. Sous les derniers rois de Bourgogne, les seigneurs laïcs et ecclésiastiques se rendirent indépendants, au point que les empereurs, cessionnaires des droits des anciens monarques, ne purent jamais les faire reconnaître que d'une façon nominale et honorifique.

Les évêques eurent d'abord une prépondérance marquée, surtout dans les villes épiscopales; mais les comtes ou barons s'agrandirent; leur domination circonscrivit celle des prélats dans l'enceinte de leurs propres murailles; puis elle les franchit et se fit admettre au pariage; après elle conquit la suprématie réelle encore déguisée, pourtant, sous la formule de l'hommage à l'église; enfin, par des acquisitions à titres divers, par des

(1) C'est dans la plaine de Saint-Fons (*sanguinis fons*) qu'Albin perdit la vie dans une bataille contre Septime Sévère. Posthume, Victorin furent élus à Vienne et y moururent assassinés. C'est aussi à Vienne qu'Arbogaste fit périr Valentinien II et couronna Eugène du bandeau impérial. — Une autre grande bataille, qui décida de l'empire, eut encore lieu en Dauphiné dans les Alpes. C'est la bataille du *Mons Seleucus*, aujourd'hui la Batie-Montsaléon où Constance défit Magnence.

alliances ou des héritages, ils arrivèrent à constituer un état considérable pour une époque de fractionnement comme celle du moyen-âge.

En peu de mots, nous avons esquissé l'histoire des dauphins, connus d'abord sous le nom de comtes d'Albon et de Graisivaudan.

Le travail de recomposition se faisait lentement, mais sûrement, et l'on vit, en quelque sorte, à une époque donnée, disparaître providentiellement, coup sur coup, toutes les races princières qui entravaient la marche des peuples de la France vers l'unité qui fait aujourd'hui leur force.

Les dauphins n'étaient point vassaux de la couronne de France; aussi leurs états, d'après le Code féodal, ne devaient point, faute d'héritiers, lui faire retour. C'est par un traité fait entre Humbert II et Philippe de Valois, stipulant pour son petit-fils, qui régna ensuite sous le nom de Charles V, que le Dauphiné fut cédé à la France.

Les anciens dauphins comptaient trois races distinctes dont les deux dernières descendaient néanmoins, par les femmes, de la première qui était connue sous le nom de *maison d'Albon*.

L'héritière d'Albon épousa Hugues III, duc de Bourgogne, qui déjà avait des enfants d'un premier lit. L'aîné d'entre eux succéda au duché paternel et l'aîné du second hymen eut de son côté l'héritage maternel; il fut le premier dauphin de la maison dite *de Bourgogne*, son père n'ayant pris à l'égard du Dauphiné que le titre de régent.

Anne, sœur du dauphin Jean Ier, avait épousé Humbert, baron de la Tour-du-Pin, dont les états comprenaient, outre l'arrondissement actuel de la Tour-du-Pin et une portion de l'arrondissement de Vienne, un territoire considérable sur la rive droite du Rhône. Par la mort de Jean, Humbert devint souverain du Dauphiné et il en prit le titre que n'avait pourtant point porté, dans un cas semblable, Hugues de Bourgogne. Il fut la tige de la maison de *la Tour du Pin*.

Ces trois races, d'après les généalogistes les plus sensés, ont régné environ trois siècles. Guigues-le-Vieux ayant commencé à paraître en 1040 et Humbert II ayant cédé ses états en 1339.

Des dauphins français, deux seuls prirent personnellement possession de leurs états : Charles, qui, par la captivité de son père, le roi Jean, fut appelé prématurément à régir la France, et Louis, fils de Charles VII, que son père expulsa de la province, non-seulement à cause de ses griefs personnels, mais encore pour les plaintes incessamment adressées au roi par les sujets du dauphin.

Nul roi, après Charles VII, ne fut tenté d'abandonner à son fils aîné la possession réelle du Dauphiné ; la province demeura annexée à la couronne et administrée par des gouverneurs représentant le *roi-dauphin*, car l'autorité n'appartenait qu'au successeur des anciens princes, et c'était toujours au nom des rois de France, *dauphins de Viennois*, *comtes de Valentinnois et Dyois*, que les ordonnances étaient promulguées dans ce pays, après enregistrement au parlement.

Ce corps judiciaire, qui existait dès le règne d'Humbert II, sous le nom de *conseil delphinal*, et qui reçut du dauphin Louis, sous le règne de Charles VII, le nom de *parlement*, avait des pouvoirs politiques et administratifs qu'on ne peut attribuer, comme ceux d'autres parlements, à l'usurpation; ils lui avaient été conférés par le *statut delphinal*, charte léguée, à l'époque de la cession, par Humbert II aux sujets qu'il laissait à de nouveaux princes. Ceux-ci à leur avènement étaient tenus de jurer le maintien du statut delphinal et de toutes les franchises du pays, avant de pouvoir exiger le serment dû au souverain.

Le parlement eut de rudes guerres à soutenir, moins pour les immunités du pays dont il se souciait médiocrement, que pour ses prérogatives particulières. Sa dernière lutte eut lieu en 1788 ; mais lorsqu'il vit qu'elle devenait dangereuse pour lui, il obéit prudemment aux lettres de cachet qui envoyaient chacun de *Nosseigneurs* dans ses terres. Mais alors à cette puissance vermoulue et factice des corps judiciaires succéda un autre pouvoir jusque là méprisé et cependant réel, irrésistible, — il l'a bien prouvé, — le pouvoir du peuple. Devant lui, couronne, parlements, clergé, noblesse, tout croula, tout disparut pour faire place à la *nation* qui vainquit l'Europe et qui fut à son tour vaincue après avoir subi le nom d'*empire* et le joug d'un soldat glorieux.

De la province du Dauphiné, à la réorganisation du territoire, on a fait trois départements, appelés de l'*Isère*, de la *Drôme* et des *Hautes-Alpes*.

GRENOBLE.

Avant de conduire le voyageur dans les environs de Grenoble, il faut lui faire connaître cette ville, aussi complètement que le permet le cadre restreint d'un livre album, tel que le nôtre ; car elle a eu de l'importance comme capitale d'une grande province, et depuis la régénération de la France, elle a été mêlée aux événements qui ont le plus marqué dans l'époque contemporaine.

§ Ier. — **Situation de Grenoble.** — Cette ville, peuplée d'environ 30,000 âmes et chef-lieu du département de l'Isère qui compte près de 600,000 habitants, est située sous le 45° 11' de latitude ; son élévation au-dessus de la mer est de plus de 200 mètres. Appartenant par sa position au midi de la France, son climat est cependant plus rude qu'on ne le supposerait, d'après les indications qui précèdent, mais le voisinage des Alpes et de leurs neiges éternelles est une cause de l'abaissement ainsi que des variations subites de la température. Les étés y offrent, pourtant, des journées d'une chaleur que la reverbération des rochers et l'absence de tout souffle d'air rendent excessive. En revanche, l'hiver amoncelle sur le gigantesque amphithéâtre des montagnes voisines une épaisse couche de neige qui occasione, même dans les vallées, un froid rigoureux. En toute saison, les pluies y sont fréquentes et il n'est pas rare dans l'été, après un orage, de voir le thermomètre s'abaisser de 8 ou 10 degrés en quelques heures.

§ II. — **Coup-d'œil général.** — La ville, bâtie sur les rives de l'Isère, qui la divise en deux parties inégales, se compose sur la rive droite d'une seule voie resserrée entre la montagne et les eaux. Une portion de cette voie n'a qu'un rang de maisons et se distingue par le nom de *Quai des Princes*, — c'est l'espace compris entre la porte de France et le pont de pierre ; — et par celui de *Quai Perrière*, — c'est l'intervalle que limitent les deux ponts. Au-delà du Pont-Suspendu, la rivière est couverte, jusqu'au bord, de maisons vieilles et profondes ; c'est la rue populeuse de *Saint-Laurent*.

Sur la rive gauche est la ville, proprement dite. Ses rues sont médiocrement larges ; leur alignement n'est pas d'une grande régularité, mais les chaussées sont magnifiquement établies en moëllons équarris, et bordées de trottoirs dallés que l'eau des fontaines, coulant dans des gargouilles de pierre de taille, baigne presque constamment. Aussi, Grenoble a-t-il un air de propreté qui frappe le voyageur ; malheureusement, l'intérieur des demeures ne répond pas toujours à ces apparences. Malgré les progrès déjà obtenus sous ce rapport, il y a encore un grand nombre d'allées sombres et puantes, et nous sommes loin de cette netteté intérieure qui distingue généralement les villes du nord. Les règlements municipaux font tout ce qu'ils peuvent, mais il faut du temps pour changer les habitudes d'une population, et c'est déjà beaucoup de se trouver sur la voie de larges améliorations.

Depuis 1830, c'est-à-dire depuis l'époque où la commune a élu ses représentants, la ville a été en quelque sorte transformée. La vie municipale, si gênée qu'elle soit par la loi qui la régit, s'est manifestée au dehors par des travaux pleins de grandeur, eu égard aux ressources dont on disposait : les abords de la rivière ont été décorés de quais superbes ; deux beaux ponts ont réuni ses rives — ces ouvrages ont été faits avec le concours de l'État ; — aux pavés pointus, dont quelques rues offrent encore le très-peu agréable spécimen, ont succédé les pavés plats ; le gaz a remplacé l'huile ; les édifices appartenant à la ville ont été réparés, augmentés ; les collections publiques ont reçu de notables accroissements ; une plus large part dans le budget a été faite à l'instruction publique ; en un mot, besoins matériels, besoins intellectuels et moraux, tous ont reçu la satisfaction la plus large qui puisse leur être faite dans une ville de troisième ordre.

§ III. — **Industrie, commerce.** — Grenoble n'est pas une cité industrielle; sauf la ganterie dont nous parlerons avec quelques détails, elle n'a que de petites industries : la tannerie, la chamoiserie, la mégisserie (préparation des peaux pour gants) y sont fort réduites; le peignage du chanvre, autrefois considérable, a beaucoup diminué; il occupe cependant encore environ deux cent cinquante ouvriers; les liqueurs, la confiserie méritent une mention; hors de la ville, à Saint-Égrêve, à Crolles, il existe des établissements pour le moulinage de la soie. La ganterie, à elle seule, a plus d'importance que toutes ces fabrications réunies. Grenoble fut trop longtemps à compter sur sa vieille réputation; aussi ses produits arriérés furent bientôt décriés en France et à l'étranger, et les fabriques rivales en profitèrent; elles en profitent même encore en exploitant l'ancienne défaveur de la ganterie grenobloise. Cependant elle a pris cette année une revanche éclatante et irrécusable à l'exposition nationale : la seule médaille d'argent décernée à ce genre de production a été pour un fabricant de Grenoble, M. Jouvin, qui a fait faire de grands progrès aux procédés de la coupe et qui a introduit, en outre, une classification par numéros, fort utile en ce qu'elle dispense de l'essai et qu'elle donne au consommateur l'assurance d'être toujours ganté de la même façon. MM. Matton et Reynier ont eu une médaille de bronze. Il est vrai que, par un charlatanisme tout parisien, on est parvenu à faire désigner ces messieurs, dans la plupart des grands journaux, comme étant de Paris. Il résulte de cet état de choses de singulières préventions et quelquefois de petites fourberies dont la ganterie de Grenoble souffre, parce qu'elles servent à entretenir l'idée — injuste aujourd'hui — qu'on s'est faite de notre fabrication. L'étranger qui, à Grenoble, entre dans un magasin de gants se réserve tout d'abord d'être servi en produits de la fabrique parisienne ; on n'a garde de le contrarier sur son goût et on expose devant lui des gants bien coupés, irréprochablement cousus qu'il regarde néanmoins avec défiance. Pour lui montrer que c'est bien là ce qu'il a demandé, on lui fait voir d'autres articles qui ne peuvent en effet soutenir la comparaison ; il est alors pleinement convaincu, et il emporte..... des gants de Grenoble.

Un jour, un monsieur, qui ne voulait pas des gants de Grenoble, demandait des *gants Jouvin*. On lui fit observer que ces derniers étaient fabriqués en très-grande partie à Grenoble, M. Jouvin n'ayant à Paris qu'une succursale et une maison de vente. Le monsieur prend avec incrédulité l'objet qu'on lui présente, et, après un semblant d'examen, prononce le mot de contrefaçon. Vainement on lui dit qu'il peut voir à telle rue, tel numéro, de ses propres yeux, M. Jouvin lui-même dirigeant sa fabrique, il sort du magasin avec la conviction qu'il s'est adressé à des imbécilles qui ne l'ont pas compris ou à des impertinents qui ont voulu le mystifier.

La ganterie occupe aujourd'hui environ huit cents ouvriers coupeurs, dresseurs, pouceurs, etc. ; ils coupent ou préparent annuellement trois cent mille douzaines de gants environ, qui sont brodés ou cousus par cinq ou six mille ouvrières de la ville et des campagnes environnantes.

Ces produits s'expédient en Angleterre, en Amérique, dans le nord de l'Europe et dans l'intérieur de la France. On peut évaluer approximativement ces produits à 4 millions de francs.

Le commerce, indépendamment de ce qui vient d'être dit des industries grenobloises, est à peu près tout de consommation. Grenoble est un centre d'approvisionnement pour la vallée de l'Isère et pour les montagnes. Cette ville a subi, il y a peu d'années, un des plus rudes coups qui put lui être porté. Plusieurs maisons de banque ont successivement fait des faillites dont le passif total n'était pas moindre de 30 à 35 millions. La moitié de cette somme a été perdue pour les créanciers : commerçants, capitalistes ou propriétaires, il est peu de fortunes à Grenoble qui n'aient été plus ou moins atteintes, et la gêne qui en est résultée subsiste encore, car il faut à une ville où le mouvement commercial est lent, bien des années pour effacer le souvenir d'une aussi grande catastrophe.

Cette notice industrielle serait tout-à-fait incomplète, si nous ne disions par un mot de la condition des travailleurs à Grenoble.

L'ouvrier, dans cette ville, n'a pas en général un salaire aussi élevé que dans d'autres centres importants de production, mais il est néanmoins plus heureux; il n'est pas exposé à ces fluctuations, à ces mouvements inégaux des grandes fabriques qui atteignent si cruellement le travailleur. D'un autre côté, il doit à sa prévoyance la position meilleure dans laquelle il se trouve. Depuis longtemps, il existe à Grenoble des sociétés de bienfaisance admirablement organisées et dont l'influence est aussi heureuse dans l'ordre moral que dans l'ordre matériel. Chaque corps de métier est réuni en une sorte de société d'assurance mutuelle contre les accidents dont chaque membre peut être victime. Une cotisation fixe, facilement fournie par l'ouvrier sur ses faibles économies, forme sa part des charges générales; il a droit en retour : en cas de maladie, aux visites du médecin et aux médicaments du pharmacien; en cas d'impossibilité de travail, à des secours en argent ou en nature. Tout cela, on le voit, n'a rien des humiliations de l'aumône; l'ouvrier use à son tour des ressources réunies, par la famille dont il fait partie, pour les besoins de tous les frères qui la composent. Et puis dans ce cas, ce n'est pas un don qui est fait, c'est la dette de tous envers chacun qu'on acquitte, à chaque douloureuse échéance.

La société exerce, par le ministère de ses chefs ou commissaires, une surveillance qui n'a rien de fatigant. Elle admoneste, mais toujours avec des formes paternelles, le membre qui commet une faute légère, elle l'expulse de son sein si le fait a de la gravité. Elle intervient aussi comme médiatrice dans les différends, et plus d'une fois elle a prévenu des querelles dangereuses.

Il y a, outre les réunions particulières des commissaires, des assemblées générales de l'association, et tout, jusque dans la forme des convocations, porte l'empreinte d'une touchante fraternité. Depuis 1830, ces diverses sociétés ont admis dans leur sein, comme membres honoraires, des personnes appartenant aux classes aisées. Ces personnes sont convoquées aux assemblées générales qui se tiennent annuellement et la formule ne change point pour elles ; ce sont toujours des *frères* appelés à la grande réunion de la famille ouvrière.

Ces sortes d'association sont nombreuses à Grenoble; elles le sont peut-être trop, car, moins divisées, leurs ressources auraient plus de puissance. Cependant parmi elles, il en est qui sont en progrès et qui ont réalisé quelques milliers de francs sur les économies successivement faites.

§ IV. — **Histoire.** — Après ces détails statistiques, nous arrivons à l'histoire de Grenoble qui gagnera en intérêt à la connaissance qu'on a déjà acquise de la vie actuelle des habitants de cette ville.

Grenoble remonte à une haute antiquité; son premier nom était Cularo. La tradition place ses premiers fondements sur la rive droite de l'Isère, c'est-à-dire sur le territoire allobrogique. Elle s'étendit de bonne heure sur la rive vocoutienne; les deux peuples, d'abord alliés, se trouvèrent confondus ensuite sous la dépendance commune des Romains. Sous le règne de Dioclétien et de Maximien fut faite l'enceinte dont il reste encore des traces distinctes. Les points extrêmes de la ligne sont indiqués aujourd'hui par la tour de la préfecture et par l'abside de la cathédrale construites toutes les deux sur la muraille romaine. Une porte antique, la *Porte-Viennoise*, existait encore il n'y a pas longtemps (1804) sur la place de Notre-Dame; une autre porte, la *Porte-Romaine*, appelée vulgairement *Traine*, fut démolie sous le règne de Henri IV (1591); elle existait à l'entrée de la Grand'Rue, près de la place Grenette; chacune de ces portes avait son inscription en l'honneur des deux empereurs; ces deux inscriptions ont été relevées.

Gratien répara ces mêmes murailles, et l'adulation pour l'empereur qui vint vraisemblablement en cette ville, fit changer le nom de Cularo contre celui de Gratianopolis, dont on a fait successivement Granople et puis Grenoble.

Le souvenir de Charlemagne se rattache à Grenoble par l'histoire et par la fiction : le grand empereur y passe en allant en Italie et y fait bâtir une église; dans l'un des vieux romans qui célèbrent les prouesses des douze pairs, le neveu de Charles, Rolland assiège Grenoble sur les Sarrazins et le prend après en avoir, par un miracle renouvelé de Jéricho, fait tomber les murailles au bruit de ses trompettes.

Longtemps on avait cru que Grenoble était resté au pouvoir des Arabes pendant deux siècles. Cette erreur est complètement tombée; il paraît toutefois hors de doute que les évêques furent obligés de se réfugier pendant quelques années à Saint-Donat (1), sous le règne des faibles rois de Bourgogne. A la fin, Isarn rassembla ses ouailles et, après les avoir armées, il attaqua les barbares qui occupaient la cité épiscopale, les chassa de son église

(1) Saint-Donat, bourg du département de la Drôme, autrefois Jovincieu (*Vicus Jovinziacus*)

en ruines et appela autour de lui de nouveaux habitants, pour remplacer ceux que la guerre et l'occupation étrangère avait détruits ou dispersés.

Une grande querelle s'est récemment élevée sur le nom à donner aux barbares chassés de Grenoble par l'évêque Isarn, car les documents historiques de la localité les appellent seulement une *nation payenne*. A cette époque, à côté des invasions répétées des Arabes, eut lieu dans le voisinage de l'Italie et par les Alpes, une incursion accidentelle de peuples venus de la Hongrie. Il paraît même que ces nouveaux envahisseurs se seraient rencontrés dans une *vallée profonde*, suivant les vieux chroniqueurs, avec les Arabes qui se regardaient comme ayant un titre plus ancien à la possession d'un pays qu'ils ravageaient périodiquement. Il s'en suivit un grand combat à la suite duquel aurait paru Conrad, roi de Bourgogne, qui fit main basse sans distinction sur les débris de ces pillards. Quoi qu'il en soit, les Arabes ou Sarrazins commandés par MM. Jules Ollivier et de Xivrey, et les Hongres, sous la conduite de M. Pilot, se disputent encore, dans une guerre puérile, bien que leurs coups ne soient pas légers, l'antique possession de Grenoble et la victoire sera longtemps indécise, car chaque parti ne manque pas de se l'attribuer (1).

C'est à Isarn que remonte l'établissement du pouvoir des évêques à Grenoble, et il faut convenir que sa victoire et la délivrance du pays donnaient à ce prélat guerrier de légitimes droits à l'autorité temporelle, délaissée par les rois de Bourgogne avec la défense des peuples qu'ils devaient protéger.

Bientôt après Isarn, surgit la famille des comtes d'Albon, qui cherche à enlever aux évêques l'héritage temporel qu'il leur avait laissé. Saint-Hugues, l'un d'eux, qui vivait encore dans les premières années du XIIe siècle, fut un

(1) Il est possible que tous aient raison, c'est-à-dire que les Arabes et les Hongres aient successivement occupé Grenoble ; dans tous les cas, de cette discussion il est résulté une chose, c'est que les Arabes n'ont pas gardé Grenoble, depuis le temps de Charles Martel jusqu'au Xe siècle, ainsi que l'avaient prétendu Chorier et beaucoup d'historiens à la suite.

instant dépossédé par Guigues III, et il ne dut qu'aux armes spirituelles dont il disposait, un traité qui le réintégrait en partie dans ses droits (1).

Au moyen-âge, l'histoire de Grenoble est pleine des rivalités de ses deux seigneurs, l'évêque et le dauphin (2). A l'époque du mouvement général des communes, qu'ils pouvaient craindre de voir se propager autour d'eux, on vit pourtant Guigues VI, dit André et l'évêque Soffrey s'accorder pour donner à la ville des franchises analogues à celles qui sont écrites dans la plupart des chartes du temps. Guigues VII et l'évêque Pierre confirment ces libertés; un demi-siècle après, l'évêque Guillaume ayant voulu y porter atteinte, une violente sédition s'élève contre lui, les portes de la cathédrale et du palais épiscopal sont forcées et l'évêque est insulté par le peuple jusqu'au fond de sa demeure. Le dauphin Jean II était alors absent; à son retour il prit connaissance de l'affaire et suspendit toutes les poursuites dirigées contre les coupables. Évidemment le prince avait déjà une autorité supérieure à celle de l'évêque, bien qu'on trouve, dans les annales du temps, que peu d'années auparavant ce même dauphin s'était reconnu vassal de l'église, pour ce qu'il tenait dans la ville, et qu'il avait rendu l'hommage entre les mains du même évêque.

Du temps d'Humbert II, cette suprématie réelle du dauphin à Grenoble est encore plus manifeste; ce prince établit dans cette ville quatre cours particulières et indépendantes de l'évêque : la *Justice mage du Graisivaudan*, la *Cour des appels de tout le Dauphiné*, celle des *Comptes* et le *Conseil delphinal*. L'évêque Jean de Chissay, se plaint en vain du tort que l'existence des cours delphinales fait à la juridiction commune; elles sont maintenues,

(1) Saint Hugues a déposé ses plaintes dans un cartulaire précieux par les documents historiques qu'il renferme. Ce cartulaire avait été déposé pendant la révolution dans les archives de la cour des comptes; il en a été enlevé depuis peu d'années et remis à l'évêque de Grenoble avec une foule d'autres pièces intéressant diverses églises du Dauphiné.

(2) Guigues IV est le premier des princes de sa maison qui soit désigné sous le nom de Dauphin. On s'est vainement épuisé en conjectures sur l'origine de ce nom qui est devenu le titre des anciens souverains de notre province; c'est un de ces logogriphes héraldiques dont il est d'ailleurs peu intéressant de rechercher le sens.

seulement le Dauphin déclare que la justice haute, moyenne et basse sera exercée pour la ville de Grenoble, comme auparavant, par un juge commun.

Les évêques de Grenoble, il faut le dire tout de suite, ont conservé une partie de leur ancienne juridiction, jusqu'à la révolution de 89. Leurs droits de hauts justiciers étaient depuis longtemps tombés en désuétude, mais ils avaient un juge particulier, dont les appels étaient portés au parlement, et qui alternait d'année en année avec le juge royal, la justice se rendant tantôt au nom du roi, tantôt au nom de l'évêque. Le dernier juge royal fut l'illustre Mounier; il importe sans doute peu au lecteur de connaître celui du dernier juge épiscopal.

Peu après la cession à la France, une nouvelle sédition plus terrible que celle dont il a été parlé, eut lieu contre l'évêque Rodolphe Chissay; un moine du prieuré de Saint-Laurent eut la main coupée dans le combat livré aux portes de la maison de l'évêque et celui-ci fut très-heureux de pouvoir s'enfuir; il se réfugia à Chambéry qui dépendait de son diocèse. Il paraît qu'en règle générale, les théocraties ou gouvernements de prêtres ont été toujours plus oppressifs que les administrations laïques; en effet, dans la province presque toutes les rébellions ont été dirigées contre les seigneurs ecclésiastiques; on ferait un gros volume des querelles sanglantes des prélats contre leurs vassaux, pendant que l'histoire locale n'enregistre aucun soulèvement contre les dauphins.

Pour revenir à Rodolphe Chissay, le roi Charles V le fit rétablir dans son siége et il y eut de rudes exécutions de populaire pour expier l'attentat commis; aussi la place du *Grand-Conseil*, où le peuple s'était rassemblé, s'appela-t-elle depuis lors place du *Mauconseil*, jusqu'à ce que l'établissement, dans ce lieu, d'un marché aux légumes eut fait changer ce nom, dont la signification était oubliée, en celui plus vulgaire et mieux compris de *place aux Herbes*.

Quelques années après ces événements, d'autres exécutions, mais plus cruelles et pour un motif différent, vinrent effrayer les populations qui, devançant l'heure de la liberté de conscience, voulaient adorer Dieu dans une croyance nouvelle et avec un culte nouveau.

Les disciples du dauphinois, Pierre de Vaud, s'étaient réfugiés dans quelques vallées perdues des Alpes où surent bien les découvrir l'intolérance et la fureur fanatiques des orthodoxes. A l'appel des archevêques d'Embrun, les inquisiteurs parcoururent ces malheureuses contrées, arrachèrent les principaux habitants à leurs pauvres demeures et en remplirent les prisons de Grenoble. François Bourel de Gap, religieux de l'ordre des Frères-Mineurs, bien digne de son nom, exerçait alors les fonctions de principal inquisiteur dans le Dauphiné. Dans la seule ville de Grenoble il fit brûler deux cent trente Vaudois pendant l'année 1393 ; un seul jour vit cent cinquante victimes.

Cette persécution fut renouvelée plusieurs fois; sous Charles VIII, ce fut un massacre atroce qui dépeupla la Vallouise. Le parlement de Grenoble s'associa à ces dévotes fureurs, par l'envoi de commissaires chargés d'accompagner l'inquisiteur ultramontain, Albert de Catane.

Le séjour du Dauphin Louis, qui plus tard devait régner sous le nom de Louis XI, n'a pas laissé à Grenoble des traces bien profondes. L'administration de ce jeune prince pouvait déjà faire présager ce qu'il serait un jour : un despote aimant l'argent malgré son mépris des magnificences royales, un assez *bon compère* pour les petits, mais pour les grands un rude maître. Il rançonna, sous prétexte de concussion, les principaux officiers de justice, qu'il maintint néanmoins en fonctions après en avoir tiré de fortes amendes ; il vendit les charges de toute nature ; dans son dédain pour la noblesse, il fit gentilshommes une foule de coquins pour les services les plus obscurs et quelquefois les plus abjects. Une semblable administration devait peu convenir à un pays jaloux de ses franchises ; on fit des remontrances directes, elles furent inutiles, alors les doléances furent portées au roi à qui elles fournissaient un trop bon prétexte pour le négliger. Des troupes entrèrent dans le Dauphiné, et nul ne voulut s'associer à la résistance projetée par Louis, qui se vit obligé de fuir dans la pénurie la plus grande et l'isolement le plus complet. Les historiens Dauphinois ont recueilli un incident de cette fuite, qui est la preuve de cet abandon absolu que, sans contredit, il avait mérité. Le dauphin chevauchait seul sur la route de Chambéry, quand près de la Buissière il atteignit un compagnon voyageant également seul sur sa monture; cet homme nommé Hugues Coct était du pays. Le prince l'aborde, cause avec lui et se plaint de la fatigue de son cheval qui ne marchait plus qu'avec peine. Coct l'invite honnêtement à se reposer dans sa demeure ; il avait une loyale figure, aussi Louis accepte son offre ; il fait plus, il s'en fait connaître. Alors Coct, outre un cheval frais, fait accepter au prince fugitif 2,000 florins d'or qu'il destinait à former la dot d'une de ses deux filles. Louis eut bientôt après franchi la frontière qu'il ne devait repasser que roi. Il acquitta plus tard sa dette envers Coct et, en lui rendant ses florins, il le fit trésorier général du Dauphiné.

Il existe dans les archives de la cour des comptes, une lettre écrite tout entière par le dauphin Louis.

L'époque des guerres religieuses fut, surtout, malheureuse pour Grenoble qui, possédé par les divers partis, fut tour-à-tour huguenot, catholique et finit par être ligueur, jusqu'au jour où il fut pris par Lesdiguières, chef des protestants et lieutenant du roi Henri IV. Il arriva pendant ces variations de fortune ce qui arrive toujours en pareil cas; chacun, après son triomphe passager, cherchait à faire prédominer son culte avec la même intolérance. Les protestants eux-mêmes, armés au nom de la liberté de conscience, commirent cette faute qui était la négation de leur principe. Il faut pourtant leur rendre cette justice, qu'ils respectèrent à Grenoble les personnes et les propriétés particulières mieux que ne le firent leurs adversaires.

Le terrible baron des Adrets, lui-même, oublia d'y être féroce. Ses soldats, en revanche, firent main basse sur les églises dont les richesses furent pillées et les statues brisées; on viola les sépultures et la poussière des morts qu'elles contenaient fut brûlée ou jetée au vent. C'est ainsi qu'ont disparu les tombeaux des dauphins, dans l'église de St-André, et celui de Saint-Hugues, dans la cathédrale.

Le baron des Adrets est entré deux fois à Grenoble à la tête de son armée; la première fois, ce fut le 10 mai 1562. Il commença par abolir le culte catholique, la messe surtout fut défendue sous peine de mort ; il y eut ensuite injonction générale d'aller au prêche et ordre spécial au parlement de donner l'exemple, sous peine de 1,500 livres d'amende. Bien que cette ordonnance n'émanât pas du *roi dauphin* et qu'elle n'eût point passé par la formalité de l'enregistrement, le parlement ne chicana en aucune manière et il se rendit dévotement au temple.

Si le baron eût été un facétieux porsonnage, il aurait bien ri des subites conversions opérées par sa parole de soudart sur des gens aussi rogues, aussi têtus et aussi entichés de leurs prérogatives que les hommes de justice.

La seconde venue à Grenoble du baron des Adrets eut lieu le 26 juin suivant, quinze jours à peine après qu'il l'avait quitté. Dans ce court intervalle de temps, Maugiron, lieutenant général du roi, était entré sans résistance dans la ville et y avait rétabli le culte catholique. Ses soldats, malgré les poteaux placés dans les rues en guise d'avertissement et de menace, pillèrent les demeures des protestants et se livrèrent à tous les genres d'excès qu'on pouvait attendre d'une soldatesque, envers laquelle son propre chef usait de pareilles précautions. Des Adrets marchait sur Avignon quand il sut la prise ou plutôt la défection de Grenoble; il revint immédiatement, et la ville, qui avait sitôt abandonné sa cause, avait tout à craindre de sa fureur. Heureusement pour elle, cette fureur trouva sur la route une résistance qui, en précipitant l'explosion, la fit tomber sur d'autres. Saint-Marcellin occupé par quatre cents soldats de Maugiron, eut la malheureuse idée de fermer ses portes; après un vigoureux assaut, la ville fut prise, le reste de la garnison jetée par-dessus le rempart et l'un des principaux citoyens, le procureur Lacombe, accroché à un gibet. Le lendemain, des Adrets arriva à Grenoble, précédé d'une telle terreur qu'il ne resta pas dans tout le quartier Saint-Laurent un seul homme qui osât l'attendre. Toutes ces prévisions sinistres furent néanmoins trompées : les protestants de la ville ayant intercédé pour leurs concitoyens, le baron proclama une amnistie entière, même pour les fuyards. La discipline fut si parfaite que six mille soldats logèrent chez les bourgeois, sans se rendre coupables de la moindre offense; les boutiques demeurèrent ouvertes et les affaires suivirent leur cours accoutumé.

Après bien des tentatives, bien des alertes sans résultat, Lesdiguières finit par s'emparer, moitié trahison, moitié surprise, du quartier Saint-Laurent dans la nuit du 24 au 25 novembre 1590. La ville cependant continua de se défendre jusqu'au 22 décembre qu'elle fût évacuée par les ligueurs. Passé cette époque, les troubles ne s'y renouvelèrent plus et le pouvoir royal n'y fut jamais méconnu. Grenoble fut bien encore menacé par les armées étrangères, mais la victoire de Pontcharra et la prise du fort que le duc de Savoie s'était donné le plaisir de bâtir sur le territoire français, à Barraux, y ramenèrent la sécurité.

Sous la puissante administration de Lesdiguières, la ville, comme le reste de la province, gagna beaucoup en améliorations matérielles.

Ce personnage devenu maréchal et connétable de France, agissait en maître absolu dans le Dauphiné, où il résida presque constamment; aussi a-t-il laissé, dans les traditions populaires, des souvenirs auxquels la terreur a plus de part, il faut en convenir, que la reconnaissance. Beaucoup de gens profitent encore, sans y penser ou sans le savoir, des œuvres du *Roi des montagnes*, pendant qu'ils exècrent sa mémoire sur la foi de récits faux ou fort exagérés; ce n'est pas tout-à-fait justice. Il faut d'ailleurs faire la part du temps et se souvenir moins du partisan montagnard et du châtelain de Vizille que du vainqueur de Pontcharra qui empêcha l'invasion étrangère, et de l'administrateur qui couvrit la province d'utiles travaux.

Sous le règne de Louis XIV, Grenoble courut deux fois le danger d'un siège, sinon de la conquête. En premier lieu, il fut sauvé par Catinat; Villars le préserva ensuite, mais le haut Dauphiné fut ravagé par les armes du duc de Savoie, et, un traité intervenu plus tard, démembra plusieurs vallées dauphinoises, qui furent cédées au Piémont avec Exilles, Fenestrelles et Château-Dauphin.

Auparavant, une mesure aussi impolitique qu'elle était injuste, de la part du petit-fils d'Henri IV, la révocation de l'édit de Nantes avait porté le trouble dans toute la province qui contenait beaucoup de religionnaires. Elle avait jeté hors du pays une foule de citoyens inoffensifs et utiles qui emportèrent à l'étranger les industries, dont un roi, devenu bigot en vieillissant, appauvrissait la France On évalue à 3,000 le nombre des habitants de Grenoble, qui préférèrent les douleurs de l'exil à la honte de renier leur foi persécutée.

Louis XIV, avait usé la royauté; son successeur l'avait avilie. C'était donc un dangereux héritage pour un homme comme Louis XVI, chez qui les vertus privées du père de famille ne couvraient pas l'insuffisance du roi. En 1788, le signal de la révolution fut donné par la ville de Grenoble, mais ce fut moins dans son insignifiante *journée des tuiles* (7 juin) que dans l'appel fait par ses consuls aux communes de la province, qu'il faut voir la première et très-réelle atteinte au pouvoir central. La convocation des consuls était un acte bien plus audacieux et d'une bien autre portée que la lutte du peuple contre les régiments du roi.

Après les essais infructueux d'assemblée des notables et de cour plénière, après l'enregistrement de divers édits au parlement de Grenoble, le duc de Clermont-Tonnerre, commandant de la province, envoya au nom du roi des lettres d'exil pour chacun des membres de cette cour souveraine. A la première nouvelle de ces ordres, le peuple s'émeut et empêche aux magistrats de partir; une collision s'engage avec la garnison et quelques personnes sont tuées ou blessées; la population monte sur les toits et fait pleuvoir sur les soldats une grêle de tuiles. Pendant ce temps, surprise ou force, l'hôtel du gouvernement est envahi; la foule frémissante inonde les appartements et paraît soudain aux yeux de Clermont qui ne peut fuir; la menace est dans toutes les bouches, vingt bras sont prêts à l'exécuter; une hache même se lève sur la tête du gouverneur........ il cède, les lettres de cachet sont retirées et le calme se rétablit. Pour ceux, à l'occasion desquels cette émeute s'était faite, ils eurent peur d'en paraître les complices, et se dérobant par une fuite secrète, ils se rendirent tous aux divers lieux fixés pour leur résidence. C'était une lâcheté; ces beaux Messieurs, par leurs longues et solennelles résistances, avaient certes provoqué celle de la cité, mais ils se gardaient bien d'aller au-delà des *respectueuses remontrances*, hâbleries parlementaires dont on comprit, alors surtout, toute la valeur. Désavouée, abandonnée par son parlement, signalée à la vengeance du pouvoir, la ville ne s'abandonna pas elle-même, et l'appui dont elle avait besoin, elle le trouva dans sa propre audace et dans les sympathies dauphinoises. Les citoyens se réunissent donc, en assemblée extraordinaire, et délibèrent que les consuls écriront à toutes les villes et communes de la province, pour leur faire part des évènements qui ont ensanglanté la capitale, et pour leur demander l'envoi, à Grenoble, de députés qui s'occuperont des intérêts généraux du Dauphiné (14 juin). Cet appel fut entendu, et de toutes parts on y répondit par des adresses et des nominations de députés.

Ainsi, les États provinciaux qui étaient suspendus depuis Louis XIII, furent rétablis par la seule autorité des habitants de la province. Vainement le maréchal de Vaulx s'avance-t-il avec des troupes : les têtes ne se calment point, la volonté provinciale se manifeste avec la même énergie, et le maréchal se voit contraint de donner son consentement à une chose qu'il craint de ne pouvoir empêcher; pourtant il est décidé, par transaction, que l'assemblée n'aura pas lieu à Grenoble. Claude Périer, père de Casimir, offre alors sa demeure, et plusieurs centaines de citoyens, appartenant aux trois ordres, se réunissent, le 21 juillet 1788, dans le vieux château de Lesdiguières; c'est dans ce féodal manoir, que semblait garder encore l'image en bronze de ce personnage, qu'ils préludent à l'assemblée nationale et à la liberté française.

Le lecteur a déjà nommé l'assemblée de Vizille.

Sous le gouvernement révolutionnaire, Grenoble tint pour la Montagne contre la Gironde, mais il ne voulut pas que l'échafaud ensanglantât son enceinte; il n'y eut que deux victimes, deux prêtres qui, dédaignant de sauver leur vie, subirent le *martyre* qu'ils avaient, en quelque sorte, recherché. C'était déjà trop, sans doute, mais leur sang ne doit pas retomber sur une population dont l'énergie fut toujours, à cette terrible époque, pure de tout excès.

Grenoble fut impérialiste, mais sur la fin de l'empire et quand Napoléon fut devenu, avant toute autre chose, l'expression de la nationalité française luttant contre l'Europe coalisée. En 1814, des combats furent livrés dans les environs (à Chirens et à Voreppe); l'ennemi n'entra dans la ville qu'après la prise de Paris.

Le 7 mars 1815, l'exilé de l'île d'Elbe fut reçu à Grenoble avec enthousiasme; c'est là qu'il s'inaugura empereur pour la deuxième fois. Son entrée eut lieu à huit heures du soir, et elle a laissé des souvenirs qu'aucune réception officielle n'a pu effacer.

A Laffrey, *l'armée* de l'île d'Elbe s'était augmentée d'un bataillon envoyé pour la combattre; en deçà d'Eybens, Labédoyère s'était joint à elle avec son régiment, et puis le cortège s'était grossi par les populations qui suivaient Napoléon ou volaient au-devant de lui, en faisant retentir l'air de leurs acclamations; et c'était plus dans ces masses désarmées, que dans les soldats, malgré leur dévouement et leur courage, qu'était la puissance de l'empereur. A Laffrey, l'exemple des montagnards de la Matésine avait été pour beaucoup, sans doute, dans la défection des troupes royales, car le soldat hésite toujours entre son devoir qui l'attache au drapeau qu'on lui a confié et l'affection qui l'attire vers un homme, alors même que cet homme s'appelle Napoléon. Il en fut de même à Grenoble; l'enthousiasme, la plus contagieuse et la plus électrique des passions, quand elle trouve les cœurs préparés, l'enthousiasme passa bien vite du dehors au dedans de la ville, et brisant l'enveloppe extérieure d'indifférence qu'avaient revêtue les militaires de la garnison, il éclata en frénétiques transports; tout le jour, on avait employé les soldats à élever des batteries, à disposer l'artillerie, à faire, en un mot, les préparatifs d'une vigoureuse défense. Le peuple assistait à ces ouvrages, il souriait, et, s'adressant indirectement aux travailleurs, il disait : « ces canons ne feront pas de mal. » Le soir, les troupes bordaient les murailles, à l'exception du 4ᵉ d'artillerie, qu'on avait retenu dans ses casernes, — car on se défiait de ce régiment qui se rappelait toujours avec orgueil le lieutenant Bonaparte —, quand on entendit des cris lointains annonçant l'arrivée de l'empereur. Ces cris remplirent bientôt le faubourg de Saint-Joseph, et une foule serrée se présenta sur le pont qui conduisait à l'ancienne porte de Bonne. Napoléon était au milieu de cette foule; ses soldats étaient restés en arrière, et il renouvela ici le miracle de Laffrey. Cet homme qu'on n'a pas craint, dans les premières années de la réaction bourbonnienne, de vouloir flétrir comme un lâche, deux fois dans le même jour donna les preuves du plus sublime courage, de ce courage froid qui a calculé tout le danger et qui brave la mort sans chercher à la rendre. Le moment était solennel, tout le monde resta muet à l'entour, et, sauf quelques cris qui expiraient dans l'éloignement, il n'y eut plus que le silence de l'anxiété et de l'attente. On frappe à la porte fermée, et une voix bien connue des soldats se fait entendre : « Ouvrez à votre empereur; ouvrez à votre général... » Un mouvement qu'on croit remarquer sur le rempart imprime une panique soudaine, et la foule recule, laissant Napoléon exposé à la première balle qui voudra le frapper. Il n'en fallait qu'une seule, sur tant de milliers qu'on avait préparées contre *l'aventurier corse*, pour en finir avec sa fabuleuse conquête; hé bien ! cette balle unique ne partit pas : sur les bords du lac de Laffrey, une voix avait crié : feu ; à Grenoble, cet ordre ne fut pas même donné. Le peuple a bientôt honte de sa puérile terreur et, passant subitement à l'audace, il s'élance vers la porte qui s'ébranle sous les coups de hâche et aux secousses répétées d'une pièce de bois, bélier improvisé qu'on apporte à cet effet.

Au moment où la porte allait céder, elle fut ouverte de l'intérieur par un officier à qui les clefs avaient été remises, après le départ du général Marchand.

Dès que les lourds battants eurent tourné sur leurs gonds, l'empereur, au milieu de l'ivresse de ses anciens soldats, courut un véritable danger; ils se précipitaient autour de lui avec tous les symptômes d'une joie furieuse, et ce fut avec peine qu'il atteignit l'hôtel Labarre (1) où il descendit.

Le lendemain, l'aventurier avait fait place au souverain qui recevait l'hommage officiel des autorités, et s'offrait aux applaudissements du peuple, bien plus énergiques et bien plus sincères. Que ne s'y est-il abandonné davantage ! — On sait que sa marche sur Paris ne présenta plus ni obstacles ni dangers.

A propos de la porte de Bonne, des recueils du temps ont raconté un fait très-joli, mais qui n'est qu'une fiction, au milieu des vérités bien plus incroyables de cette prodigieuse épopée.

L'empereur, étant à l'hôtel Labarre, entend une rumeur confuse qui va toujours en grandissant, il vient sur le balcon pour en connaître la cause, et tout à coup il voit se dresser devant lui d'énormes ais; puis une voix partant du sein de la foule, s'écrie : « Sire, nous avons cherché les clefs de votre bonne ville pour vous les offrir; à leur défaut, voici les portes elles-mêmes. »

Tout cela est de l'invention plus ou moins poétique, mais le retour de l'île d'Elbe peut se passer de cette merveille renouvelée de Samson; il y perdra peu de choses. Ce qui est certain, c'est que les deux battants de l'ancienne porte de Bonne ont conservé jusqu'à nos jours les traces de coups de hâche, fortement empreintes dans le bois et jusque dans la ferrure. En 1832, M. Alexandre Dumas fit même des démarches pour obtenir la permission de faire scier un ou deux gros clous, à tête arrondie, dont cette porte était garnie, afin d'en enrichir

(1) Aujourd'hui Hôtel du commerce et des Trois Dauphins.

quelque collection contemporaine; l'autorité militaire, par respect pour l'intégrité de sa vieille porte, plus que par souvenir de Napoléon, ne voulut point donner au dramaturge-romancier la satisfaction d'emporter cette relique impériale, qui depuis a dû être jetée à la ferraille (1).

L'empire nouvellement réinstallé aux Tuileries devait avoir peu de durée. L'étranger, après le premier moment donné à la stupeur, s'ébranla à la voix des transfuges qui lui promettaient, avec leur concours, une facile victoire; une armée austro-piémontaise parut, le 6 juillet, devant les murailles délabrées de Grenoble, que ne défendaient aucunes troupes de ligne. Trompé par les renseignements qu'on lui avait fait parvenir de l'intérieur, l'ennemi croyait entrer sans résistance, mais son erreur fut de courte durée; la garde nationale se défendit bravement, et, après un vif engagement, les assiégeants demandèrent un armistice pour enterrer leurs morts : ils avaient eu sept à huit cents hommes tués ou blessés. Dans l'intervalle de la suspension d'armes, on apprit la nouvelle occupation de Paris par les alliés; cette nouvelle refroidit les courages, et, exploitée par les gens prudents, qui ne manquent jamais dans un pareil moment, elle détermina la signature d'une capitulation, pour laquelle on faisait des prières publiques dans les églises, et qu'on érigea ensuite en miracle. Nous avons vu, à Notre-Dame, dans une tribune, l'autel votif élevé à cette occasion (2).

L'armée austro-sarde fit son entrée à Grenoble, le quatrième jour après le combat du 6 juillet, et la cocarde blanche, contrairement à l'une des clauses de la capitulation, remplaça les couleurs nationales.

Depuis lors, le drapeau tricolore essaya plus d'une fois de s'y relever; mais ces tentatives furent infructueuses, et dans une de ces occasions, le pouvoir outrepassa le droit légitime de la défense et de la répression.

Quelques centaines d'habitants des campagnes, rassemblés à la voix de Didier, marchèrent, dans la nuit du

(1) Le bâtiment de la porte de Bonne existe encore, mais on a dû enlever la fermeture depuis l'achèvement de la nouvelle enceinte.

(2) Ce singulier autel a disparu avec la ridicule inscription en lettres d'or dont on l'avait chargé. On y lisait entre autres choses que Grenoble avait été sauvé *miraculeusement par une capitulation.*

4 au 5 mai 1816, sur Grenoble où ils étaient attendus par l'autorité, qui aima mieux terrifier par les moyens de répression qu'elle avait préparés, qu'essayer des mesures préventives dont le résultat aurait épargné du sang. On voulait, pour ces populations naguère ébranlées par le passage de l'Empereur, une leçon dont le retentissement pût effrayer tous les conspirateurs. Cette leçon fut cruelle au-delà de tout ce que l'on peut imaginer.

Après un combat de quelques instants, les assaillants, qui s'attendaient à tout autre chose qu'une fusillade, prirent la fuite dans toutes les directions, laissant des morts sur le champ de bataille et des prisonniers dans les mains des soldats. Dans le premier transport de ce pauvre triomphe, Donadieu écrivait aux commandants militaires des divisions environnantes : « Vive le roi! les chemins sont couverts des cadavres de ses ennemis... » Il y avait de l'exagération dans ce bulletin du général, qui prit ses désirs pour la réalité ou qui voulut grandir ses services, car on ne releva que sept ou huit cadavres, lesquels restèrent exposés toute la matinée — abominable trophée — aux yeux de la population qui put y reconnaître des parents ou des amis. Heureux ceux qui périrent dans cette fatale nuit! leur sort fut doux, en comparaison de celui qui attendait leurs compagnons tombés vivants au pouvoir de leurs ennemis.

Ceux d'entre eux qui furent pris à l'instant même, n'eurent pas toutefois à languir dans les tortures de l'incertitude. La cour prévotale, immédiatement assemblée, prononça trois condamnations à mort; mais elle n'allait pas assez vite au gré des réacteurs et Grenoble fut mis en état de siège Alors une commission militaire, débarrassée de toutes les entraves de la procédure, condamna en masse, et ses jugements aussi s'exécutèrent en masse; puis la cour prévôtale revint encore fonctionner après la levée de l'état de siège. Bref, on fusilla à la porte de France, on guillotina sur la place Grenette, et le sanglant tombereau promena, à diverses reprises, dans les rues, que la terreur rendait solitaires, des restes humains troués par la balle ou mutilés par la hâche royaliste.

Ce que l'on doit dire toutefois, c'est qu'à Paris on fut encore plus impitoyable qu'à Grenoble, où l'on avait pour excuse l'exaltation qui naît d'une lutte, si courte qu'elle soit : deux adolescents avaient été condamnés, mais soit pitié pour leur jeunesse, soit conviction de leur innocence, on avait sursis à l'exécution, et on avait demandé des ordres à Paris ; ces ordres, le télégraphe les transmit, et les malheureux furent traînés à la mort.

Ce que l'on doit dire encore, moins pour récriminer que pour en faire sortir une leçon, c'est que le lendemain d'une exécution où quatorze condamnés avaient laissé la vie, sur le terrain rougi de la Porte-de-France, on dressa les tables d'un banquet où les vapeurs du sang unies aux fumées du festin provoquèrent les toasts les plus frénétiques ; ce que l'on doit dire, toujours comme un enseignement pour tous les partis, c'est que des têtes sont tombées sur la place Grenette aux cris de : vive le roi ! comme autrefois d'autres tombèrent à Paris aux cris de : vive la liberté ! Et ce n'était pas le peuple qui renouvelait ces saturnales sans excuse en 1816, c'était des hommes que leur éducation, leur âge, l'expérience d'une longue révolution qu'ils exécraient et l'absence de tout péril pour la restauration devaient conduire à autre chose qu'une parodie de la terreur révolutionnaire.

La révolution de 1830 fut acclamée à Grenoble avec transport, mais le désenchantement fut prompt. Dès 1832, cette ville avait appris à ses dépens ce qu'en des circonstances données on doit attendre de la justice des gouvernements. C'était un citoyen de Grenoble qui était alors ministre ; Casimir Périer fit occuper militairement sa ville natale. Passe pour cette démonstration d'un gouvernement faible qui veut paraître fort ; on pouvait la pardonner, mais ce qu'on n'oublia pas, ce sont les calomnies dirigées alors du haut de la tribune par le chef du cabinet contre ses concitoyens.

§ V. — **Notes biographiques.** — Il est peu de pays en France qui aient produit autant d'hommes distingués que Grenoble et ses environs.

Outre ceux qui sont nés parmi nous, nous désignerons ceux qu'une longue résidence et leurs fonctions peuvent faire considérer comme nos concitoyens.

Dauphins. — *Guigues VIII*, mort, à la fleur de l'âge, d'un coup d'arbalète qu'il reçut au siége de la Perrière, petite place située au-dessus de Voreppe. De tous nos anciens princes, c'est celui qui s'est le plus distingué par ses qualités guerrières. Il remporta sur le comte de Savoie et ses alliés, les comtes d'Auxerre et de Tonnerre, la bataille de Varey qui eut dans son temps un grand retentissement; il commanda le septième corps de l'armée française à la bataille de Cassel gagnée sur les Flamands; il s'était marié à Isabelle de France, fille du roi Philippe-le-Long.

Humbert II, frère du précédent, et dernier dauphin. Il céda ses états à la France et mourut patriarche d'Alexandrie, administrateur de Rheims et prieur des Dominicains de Paris.

Évêques. — *Isarn*, fondateur du pouvoir temporel des évêques après sa victoire sur les Barbares qui occupaient Grenoble.

Saint-Hugues, qui conduisit saint Bruno et ses compagnons dans le désert de la Chartreuse.

Le Cardinal *Le Camus*, prélat de mœurs sévères et zélé pour la discipline ecclésiastique.

De Caulet, dont on se rappelle encore l'indulgente charité unie aux vertus chrétiennes et à un amour éclairé des lettres. Sa bibliothèque de 40,000 volumes fut achetée par souscription, et servit de premier fonds à la bibliothèque publique de Grenoble.

Magistrats et jurisconsultes célèbres a divers titres. — *Guy-Pape*, dont les ouvrages ont eu de nombreuses éditions et dont le souvenir ne s'est point encore perdu dans les traditions du peuple.

Rabot et *Fléard*, chargés d'organiser la justice dans le royaume de Naples, après la courte conquête de Charles VIII.

François Marc, jurisconsulte estimé.

Soffrey Calignon, né à Saint-Jean, près Voiron, chancelier du roi de Navarre. Il fut chargé par ce prince de missions de confiance, et travailla à la rédaction de l'édit de Nantes avec de Thou.

Bucher, procureur général et sculpteur. Il fut un forcené ligueur, mais c'est comme artiste qu'il se recommande à notre souvenir. Dans la salle d'entrée de la Bibliothèque publique, on voit un grand médaillon de pierre grise et représentant Justinien, qui est attribué à Bucher.

Salvaing de Boissieu, magistrat, auteur d'un traité estimé sur les *fiefs*, poète, orateur de la célèbre ambassade du maréchal de Créqui à Rome.

Le président *Expilly* qui a laissé des discours et des poésies dont le mauvais goût doit être rejeté sur le temps où il vivait.

Dageant, ministre sous Louis XIII, président de la Cour des comptes de Grenoble.

Abel Servien, ministre d'état après avoir rempli les fonctions de procureur général à Grenoble où il était né.

Le président *De Valbonnais*, antiquaire, historien.

Nicolas Chorier, avocat, historien.

Guy-Allard, président de l'élection de Grenoble, auteur d'un grand nombre d'ouvrages d'intérêt local. — Ses manuscrits, en fort grand nombre, viennent d'être donnés à la Bibliothèque de Grenoble par M. Allard, de Voiron, son descendant.

Servan, avocat général, et qui, l'un des premiers, introduisit le bon goût et la véritable éloquence dans les harangues de Palais.

GUERRIERS ILLUSTRES. — *Louis d'Arces*, né à Domène, près de Grenoble, capitaine d'une compagnie de cent lances, l'un des plus vaillants parmi les vaillants hommes qui s'illustrèrent dans les champs de l'Italie, sous les règnes de Charles VIII et de Louis XII.

Pierre Terrail, plus connu sous le nom de *Bayard*, né au-dessus de Grenoble, près de Pontcharra. Ce nom est trop illustre pour qu'il soit nécessaire d'y ajouter quelque chose.

Guiffrey de Boutière, né au Touvet, dans la même vallée, mais sur la rive droite de l'Isère. Il servit sous Bayard et commanda l'armée française en Italie, vers la fin du règne de François Ier.

François de Beaumont, *baron des Adrets*, né près du Touvet, le type de la cruauté impitoyable, comme Bayard était celui du courage généreux. — Par un hasard singulier, ces deux hommes ont vu le jour dans les mêmes lieux. Des ruines du château de Beaumont ensevelies, presque en entier, sous l'épaisse végétation, qui chaque jour les envahit davantage, on peut voir de l'autre côté de l'Isère les restes du château Bayard, dont rien ne masque l'aspect. Celui-ci est le but d'un pélérinage pieux pour ceux qui gardent au fond du cœur la religion de l'honneur et de la patrie, pendant que l'autre est complètement délaissé par le voyageur qui passe, sans même songer à l'homme terrible dont il fut la demeure. La postérité souvent ingrate a, cette fois, été juste; car elle a dans la même contrée oublié le méchant pour se souvenir du bon : c'est assez rare pour mériter d'être noté.

Dupuy Montbrun, contemporain de des Adrets et chef des protestants après la défection de celui-ci. Né dans le bas Dauphiné, il n'appartient guères à Grenoble que par sa mort; il y eut la tête tranchée par arrêt du parlement, après avoir été fait prisonnier dans un combat. Ce fut l'une des plus illustres victimes des guerres de religion. Il est le héros principal d'un roman historique de M. Badon, notre compatriote, l'un des auteurs des beaux drames : un *Duel sous Richelieu*, une *Aventure sous Charles IX*.

François de Bonne, duc de Lesdiguières, dernier connétable de France ; il est né près de Saint-Bonnet en Champsaur, à l'extrémité supérieure du bassin du Drac, de ce pays appelé la *Vallée chevalereuse* pour les nombreux hommes d'armes qu'il a fournis. Lesdiguières appartient à tout le Dauphiné, comme guerrier et comme administrateur; mais Grenoble, plus que toute autre cité de la province, porte l'empreinte de sa puissante main. Il en agrandit l'enceinte, construisit l'ancien pont de pierre démoli il y a quelques années, bâtit la préfecture ainsi qu'un autre hôtel somptueux pour Marie Vignon, sa maîtresse, devenue plus tard sa femme; mais ce qu'il fit de plus utile peut-être, fut de rejeter loin de Grenoble la rivière terrible du Drac, dont une portion venait battre les anciennes murailles et qui, se jetant dans l'Isère, à angle droit, en faisait refluer les flots et déterminait de fréquentes inondations. Il fit élever en cette occasion le beau pont de Claix dont les dimensions étonnent encore aujourd'hui. Trois rues conservent à Grenoble les noms du connétable et de deux membres de sa famille : ce sont les rues de *Bonne*, de *Créqui* et de *Sault*.

Voilà pour les généraux anciens; parmi ceux de l'époque contemporaine nous en citerons trois :

Le général *Debelle*, né à Voreppe, commandant en chef de l'artillerie dans diverses armées, mort à Saint-Domingue, pendant la funeste expédition commandée par Leclerc.

Le général *Aubert du Bayet*; il appartient à Grenoble par son mariage et par son concours, comme citoyen de cette ville, aux assemblées de la province. A celle de Moirans, où il avait été envoyé comme électeur député pour la nomination des administrateurs du département de l'Isère, il fut lui-même du nombre des élus.

Le général *Bizannet;* il est mort il y a peu d'années. Ses nobles restes, en se rendant à leur dernier champ d'asile, furent décorés d'un glorieux trophée. Il se composait de quatre drapeaux Anglais, dépouilles opimes d'une fière armée Britannique prise, malheur insigne! à Bergop-Zoom par la garnison qu'elle voulait prendre. Nous étions aux mauvais jours de 1815, où la trahison seule était profitable: le commandant de Bergop-Zoom n'aurait peut-être pas pu, sans danger pour lui, envoyer à Paris les preuves de sa victoire; c'eut été d'ailleurs les rendre à l'Anglais, et il les conserva comme un souvenir de gloire au milieu de nos malheurs.

ARTISTES MÉCANICIENS. — *Vocanson*, à qui ses contemporains rendirent l'hommage que méritait son génie (1).

Berger, organiste de la cathédrale qui fut en revanche oublié, ou plutôt, qui ne fut jamais connu. Par misère ou par vengeance du dédain dont il fut abreuvé, il ensevelit, dit-on, avec lui un secret que les facteurs d'orgues sont encore à chercher aujourd'hui.

ÉCRIVAINS, PROFESSEURS. — Outre les magistrats et jurisconsultes qui pourraient figurer dans cette catégorie, on peut citer beaucoup d'autres hommes qui se sont distingués dans diverses branches des connaissances humaines :

Dans les sciences qu'on désigne aujourd'hui sous le nom de sciences morales et politiques les deux frères

(1) Il est né rue Chenoise où une tablette de marbre indique sa maison; son extrait de naissance récemment trouvé détermine l'orthographe que nous avons adoptée pour son nom.

Bonnot de Mably et *Bonnot de Condillac;* leur nom garde encore une grande partie de l'éclat dont il brillait pendant leur vie (1).

Dans les sciences naturelles, *Dolomieu*, professeur de minéralogie à Paris; *Villars* qui révéla aux naturalistes les richesses botaniques des Alpes dauphinoises.

En archéologie, *Champollion jeune*, né à Figeac, d'un père dauphinois; il est venu très-jeune à Grenoble où il s'est marié et où il a rempli jusqu'en 1821 les fonctions de professeur d'histoire au collège de Grenoble, et de conservateur-adjoint de la bibliothèque publique. Ces fonctions lui ayant été enlevées, il se rendit à Paris, où il continua les études qui devaient l'amener à la découverte de l'Egypte hiéroglyphique, symbolisée jusqu'alors par son Isis voilée qui défiait l'intelligence des hommes.

En littérature proprement dite, *Bernard* ou plutôt *Gentil-Bernard*, comme on l'appelait alors, poëte de boudoir, dont la fadeur didactique charma nos aïeules, qui n'avaient pourtant pas besoin d'apprendre de lui l'*Art d'aimer*, s'il faut croire tout ce qui se dit de ce bon vieux temps; *Beyle*, mort récemment et plus connu sous le pseudonyme de Stendal, auteur de *Rouge et Noir*, de la *Chartreuse de Parme*, et d'autres ouvrages qui, recommandés par les princes de la critique, n'ont pas eu cependant toute la popularité qu'ils méritaient.

Personnages politiques. — Le cardinal de *Tencin*, archevêque d'Embrun, de Lyon, ministre, etc., presque aussi digne de la pourpre romaine et du pouvoir que le *vertueux* cardinal Dubois, ce *fidus Achates* d'un prince dont on ne peut nommer le gouvernement sans soulever autour de soi une vapeur d'orgie.

Le marquis de Monteynard, ministre de la guerre sous Louis XV.

La Tour-du-Pin Gouvernet, ministre de la guerre en 1789.

Mounier, membre et successivement président de l'assemblée nationale; il fut l'âme et le régulateur absolu

(1) Ils sont nés, le premier dans la Grand'Rue, l'autre dans la rue des Clercs. Des inscriptions indiquent les maisons qui virent naître chacun des deux frères.

des assemblées provinciales de Vizille et de Romans. Dès cette époque, il savait positivement ce qu'il voulait; son but n'avait rien de bien neuf, c'était, ni plus ni moins, l'importation du régime anglais dont il avait étudié le mécanisme; mais il posa habilement les jalons qui devaient guider le tiers-état sur la route du pouvoir, non encore frayée pour lui, en faisant décréter par l'assemblée dauphinoise la double représentation de cet ordre et le vote par tête. Malheureusement il arriva à Mounier ce qui advient ordinairement aux hommes qui ont tourné longtemps dans le même cercle d'idées; ils ne savent plus en sortir; vainement le mouvement général des esprits les appelle au dehors, pour eux, la volonté des masses n'est qu'une frénésie, à laquelle il est sage de ne pas se rendre. Comme ils se sont vus un instant à la tête de la colonne de marche, et guides suprêmes, ils n'admettent plus qu'on puisse faire un pas avant leur signal. Qu'arrive-t-il alors? Après avoir déféré plus ou moins longtemps, suivant les circonstances, à leurs prudents avis, on finit par ne plus les écouter et l'on s'élance en avant dans la voie providentielle, ouverte indéfiniment au progrès, et où la sagesse suprême pousse invinciblement les passions humaines qu'elle fait servir à ses desseins.

Mounier était dépassé qu'il ne s'en doutait pas encore, tant les idées allaient vite à cette époque où les choses même, quelquefois, devançaient les idées. Il fit alors ce qu'ont fait tous ceux qui, avant ou depuis, se sont trouvés dans une position analogue; il se plaignit avec amertume après avoir discuté avec dédain; il résista de toute sa force, qu'il eût bientôt épuisée, et, quand il fut contraint à s'avouer son impuissance à Paris, il tourna vers ses montagnes un regard d'espérance. Malheur à ceux qui sèment l'espérance autre part qu'aux champs de l'avenir! ils recueillent la confusion. Mounier l'éprouva bientôt : il avait compté que son étoile brillerait encore de tout son éclat dans son pays natal, qu'il n'aurait qu'à se montrer pour que la province entière se rangeât sous son drapeau; il avait osé, dit-on, murmurer ces mots : *le Dauphiné a fait la révolution, il la défera.* Rêve insensé, s'il s'agissait de la victoire pacifique des idées; impie, si Mounier, ce que nous ne croyons pas, avait pressenti une guerre civile. Dans aucun pays de France on ne s'inféoda jamais moins que chez nous à un homme, si grand qu'on puisse le supposer; le Dauphiné ne reconnut point Mounier revenant en arrière quand tout marchait en avant, et, l'homme qui peu de temps auparavant avait réuni la majorité des suffrages, se trouva complètement seul; bientôt après, il abandonna pour une terre étrangère la patrie qu'il accusa d'ingratitude, sans doute, quand il aurait dû, lui-même, s'accuser d'imprévoyance puérile et de lassitude prématurée.

Faut-il accuser Mounier? Non. Plaignons-le seulement, ou plutôt plaignons la débilité humaine qui ne permet pas à un seul homme de mesurer, encore moins d'accomplir une œuvre aussi longue que celle de la régénération d'une société; cette œuvre est à peine commencée, et que d'ouvriers elle a déjà usés!... Sachons reconnaître les services de notre concitoyen; devant ces services oublions ses erreurs et honorons une mémoire dont se glorifiera toujours notre cité (1).

Barnave, le jeune et brillant orateur de l'assemblée nationale; émule de Mounier, il marcha plus longtemps que lui dans les voies révolutionnaires, et cela devait être avec sa logique hardie, impétueuse. Ce ne fut pas l'orgueil, ce ne fut pas le désappointement de se voir délaisser qui arrêta Barnave. Le sentiment le plus noble dans sa faiblesse, le plus excusable dans ses entraînements, la pitié pour une grande infortune éloigna cet homme du chemin qu'il avait si résolument suivi, surtout pendant la vie de Mirabeau. Il quitta Paris à la dissolution de l'assemblée, et revint à Grenoble, où il fut ensuite arrêté pour les relations qu'il avait eues avec la cour, au retour de Varennes. Après une longue détention, il fut ramené à Paris pour y être jugé; traduit à la barre du tribunal révolutionnaire, il y fit entendre de nobles et patriotiques paroles; Camille Desmoulins déposa en sa faveur, mais il fut condamné, et le lendemain il montait sur l'échafaud en s'écriant: voilà donc la récompense de ce que j'ai fait pour la liberté!

Il n'a pas été la seule victime regrettable de ces temps douloureux, où l'on punissait comme trahison la seule hésitation, le simple doute, parce qu'ils pouvaient, comme la trahison elle-même, compromettre le sort de la révolution. Malheur à ceux dont la logique avait peur et se détournait en face de certaines conséquences! la hâche

(1) Mounier est né dans la Grand'Rue. Une inscription désigne la maison qui fut son berceau.

inexorable frappait tout ce qui, même par inertie, pouvait être obstacle, tout ce qui, par un prestige quelconque, pouvait être danger.

Ainsi périt Barnave. Les uns condamnent le commencement de sa vie politique, d'autres accusent sa fin. Quelle que soit l'opinion de ceux qui ont à la juger, qu'ils mettent dans la balance le courage intrépide dont maintefois il donna des preuves, l'éloquence qu'il fit briller même à côté de la parole de Mirabeau, la générosité de son âme qui se révéla jusques dans ses erreurs; à côté de tout cela, qu'ils placent encore la cruelle expiation à laquelle il fut soumis et alors, peut-être, ils hésiteront à prononcer un mot qui ne serait pas pour plaindre tant de jeunesse et de talent, disparaissant sous le glaive du bourreau. Mais il faut se garder aussi d'imiter ces esprits inconsidérés qui condamnent sans merci l'époque où se passèrent de tels évènements. Il sied peu à ceux qui vivent sous un ciel serein, de juger ce qui s'est fait dans la plus terrible tempête qui ait jamais ébranlé le monde. Il arrive tous les jours que, pour sauver le navire, on jette à la mer mâts, agrès, canons, provisions de toute nature; on exagère même ces douloureuses précautions dont souvent des hommes sont victimes, dans la précipitation confuse qui suit le danger; mais, en définitive, qui peut accuser les matelots si le vaisseau arrive au port où peu à peu il retrouve l'équivalent de ce qu'il a perdu (1)?

Cretet, né au Pont-de-Beauvoison, ministre de l'intérieur, sous l'empire.

Casimir Périer, membre de la célèbre opposition, sous la branche aînée, et président du conseil des ministres, depuis la révolution de juillet. De la vie de cet homme on peut faire deux parties distinctes : la première et la plus longue, celle du simple député de l'opposition, assurera au nom de Périer la gloire la moins contestée. Quant à la seconde, il serait difficile de la juger impartialement à une époque où les passions survivent au ministre du 13 mars. Eût-il foi dans l'œuvre de résistance qu'il fut le premier à entreprendre ouvertement, après la révolution de juillet? La crut-il nécessaire à la France? quelle que fut sa pensée intime, il ne tarda pas à succomber moins à

(1) Une inscription indique dans la rue Pérollerie la maison où est né Barnave.

la maladie et au fardeau des affaires, qu'au poison lent de l'ingratitude dont il put savourer toute l'amertume, dans sa longue et solitaire agonie que ne visitèrent aucun de ceux pour lesquels il avait sacrifié la popularité acquise par quinze années de travaux et de luttes.

C'est que le danger semblait moindre alors, et qu'on supportait avec peine un ministre ayant parfois une volonté personnelle dont la raideur fatiguait la main qui s'efforçait de l'assouplir. On n'avait pas encore osé rejeter l'instrument qui ne paraissait plus indispensable, quand la mort vint résoudre la difficulté. On fit du reste à Casimir Périer de magnifiques obsèques, comme à un homme de qui on se promettait, pour héritage, le pouvoir du premier ministre, ce pouvoir qui, tout incomplet qu'il fût encore, ne devait jamais plus passer à aucun président du conseil.

Femmes ayant eu de la célébrité. — ***Marie Vignon***, duchesse de Lesdiguières. Elle était la femme d'un marchand de Grenoble, auquel Lesdiguières l'enleva ; il la transforma d'abord en marquise de Treffort et l'épousa après la mort du premier mari. Ce malheureux fut assassiné, près de Grenoble, dans une campagne qui a gardé le nom expressif de *mala not* (mauvaise nuit), par un italien, agent du duc de Savoie auprès du connétable. Cet homme fut poussé à ce crime par la marquise de Treffort elle-même, qui voulait devenir duchesse légitime. Tallement-des-Reaux raconte une ou deux *historiettes*, comme il les sait faire, au sujet de madame la connétable de Lesdiguières.

Claudine Mignot, appelée la *Bella Lhauda*, villageoise du Bachet près Grenoble ; après avoir été refusée par le laquais d'un conseiller au parlement, elle épousa le maître qui lui laissa sa fortune ; elle se maria ensuite, successivement, au maréchal de l'Hôpital et à l'ex-roi de Pologne, Casimir II. Jamais fortune plus singulière ne reposa sur une aussi petite cause, si l'on admet toutes les particularités de la chronique. Au reste cette aventure est traditionnelle à Grenoble, et beaucoup de gens pourront raconter aux curieux comment une *indiscrétion* d'une nature particulière, échappée à la belle Claudine, lui fit perdre la couche d'un valet trop délicat pour la conduire ensuite dans celle d'un roi.

Enfin et pour clore une liste, qu'on pourrait alonger de beaucoup de noms masculins et féminins, voici venir une autre Claudine, bien plus illustre que la précédente :

Claudine-Alexandrine Guerin de Tencin, sœur du cardinal de ce nom, précédemment cité. Religieuse à Montfleury, mère présumée de d'Alembert, maîtresse prétendue du cardinal Dubois, auteur du *comte de Comminges*, du *siège de Calais*, etc. Que de droits divers à la célébrité ! elle ne lui manqua pas durant le cours de sa longue carrière d'amours et d'intrigues, où les occupations littéraires n'eurent qu'une petite part, mais chaque jour en diminue l'éclat. Avec le temps on voit ensemble s'effacer les vives couleurs du scandale et pâlir les titres littéraires; néanmoins les *œuvres* de madame de Tencin, indépendamment de ses actions, lui assureront toujours une place distinguée, au moins parmi les femmes-auteurs du siècle dernier.

§ **VI. — Monuments.** — De monuments, à proprement parler, Grenoble n'en a point; il y existe pourtant quelques édifices qui méritent d'être vus; les voici par ordre d'ancienneté :

Eglise de Saint-Laurent. — A l'extrémité de la rue de ce nom, est une vieille église dont l'abside porte extérieurement le cachet d'une grande ancienneté. Il ne faut pourtant pas croire, avec certaines traditions, que ce fut un temple d'Esculape; cela a été dit par des ignorants, sur la foi du serpent sculpté au-dessous de la corniche, mais le serpent joue un rôle dans le symbolisme chrétien et, d'ailleurs, dans cette construction il n'y a rien de payen, rien de romain. Les mascarons grimaçants de la corniche ainsi que les colonnettes qui supportent le plein cintre des fenêtres, indiquent une époque postérieure même à la décadence de l'art antique; c'est du roman bysantin.

Au-dessous de cette église, et plus intéressante qu'elle, est une crypte (temple souterrain) à moitié remplie intérieurement de débris de toute nature. Parmi les chapiteaux des petites colonnes accouplées qui supportent la voûte il y en a de corinthiens, d'autres sont décorés de divers emblêmes chrétiens. L'assemblage irrégulier des diverses parties de quelques-unes de ces colonnes laisserait présumer que cette crypte fut bâtie avec des matériaux qui déjà avaient servi pour une construction plus ancienne, et il n'est pas douteux qu'elle a été faite à une époque bien postérieure à celle où les chrétiens étaient obligés de cacher sous terre leur culte persécuté. Originairement même, cette église devait s'élever au-dessus du sol qui s'est progressivement ou subitement exhaussé par suite des éboulements de la montagne, et c'est ce qui aura nécessité la superposition d'une nouvelle église dont le chœur seul est debout aujourd'hui.

Eglise de Notre-Dame. — Saint-Hugues dit positivement dans son cartulaire que cette église fut construite par l'évêque Isarn, qui vivait à la fin du xe siècle.

Aucune église ne porte en elle plus de caractères divers. Au dehors, le plein cintre roman de la grande porte se trouve flanqué des ogives plus ou moins récentes des portes latérales. En dedans et sur de lourds piliers repose encore l'ogive des arcades et de la voûte, mais écrasée, mais timide et sans élégance aucune. Le chœur dans ses fenêtres offre les signes distinctifs du roman orné, pendant que dans celles de la grande nef on croirait voir l'arc surbaissé de la renaissance. Cependant quand on est assez heureux, car à l'exception du portail, la chose n'est pas facile, pour apercevoir l'extérieur de l'édifice, ses murs de briques, couronnés de machicoulis, paraissent d'une antiquité aussi grande, au moins, que celle qui se lit sur les murailles de Saint-André auxquelles ils ressemblent. Il y a eu vraisemblablement imitation du plus ancien temple par le plus moderne, et le plus ancien est celui de Notre-Dame sans doute, au moins dans la masse principale, malgré les anomalies de sa construction. Cette église a quatre nefs; si la principale est lourde, les bas côtes, à leur tour, sont étouffés sous le poids de tribunes, dont les balustrades massives ne s'harmonient avec aucune des parties de ce mélange bizarre de toutes les architectures. Latéralement au bas-côté de gauche, est une autre petite église aujourd'hui dédiée à St-Hugues et qu'on dit contemporaine de Charlemagne dont elle serait l'œuvre. Rien n'y rappelle cette ancienne et noble origine; d'ailleurs le plus odieux badigeon, les plus lourdes peintures distribuées avec la plus inintelligente profusion ont fait de cette chapelle un lieu où l'homme de goût ne saurait jamais entrer. Si, pourtant, on a eu le malheur de s'y fourvoyer, il faut vite revenir sur ses pas et aller dans le chœur de Notre-Dame, pour effacer, devant une œuvre d'art que les prêtres du XIVe siècle nous ont laissée, l'impression produite par la décoration barbare commandée par ceux du XIXe siècle.

Sur la droite du chœur, en faisant face à l'autel, s'élève un morceau d'architecture de la meilleure époque gothique, d'une légèreté et d'une grâce parfaites. Si l'on se demande la signification de ce monument, il est difficile de la trouver, car ce n'est ni un tombeau, ni une chapelle, ni un autel ; on dirait d'un modèle incomplet de portail destiné à une cathédrale. Les statues qui garnissaient autrefois les niches, n'ont jamais été replacées, depuis le passage des soldats protestants du baron des Adrets; mais tout inachevée et mutilée que soit cette œuvre, elle mérite d'être remarquée. En face, sont d'autres sculptures qui couronnent un enfoncement destiné à un tombeau. C'était d'abord celui de l'évêque Aimon Chissay, construit en 1407; les guerres religieuses firent disparaître le mausolée de ce prélat et, plus tard, celui du cardinal le Camus vint occuper la place vide. Il ne fut guère plus heureux que l'autre; la révolution brisa l'effigie qui le décorait; le sarcophage subsiste toutefois encore.

Le nouveau palais épiscopal (1) et des demeures particulières s'étendent jusques sur les bas-côtés de la cathédrale; ces constructions, qui ont remplacé les anciens cloîtres du chapitre, rendent bien difficiles l'isolement de l'église et l'arrangement du portail. Depuis peu d'années on a réparé ou même renouvelé le haut de la tour, à laquelle on a conservé son premier caractère, tout en ajoutant des ornements en terre cuite à sa corniche et à ses fenêtres. Malgré les justes critiques qu'on peut adresser à toute restauration en général, et à celle-ci en particulier, on doit reconnaître que l'intelligence et le goût y ont présidé.

Eglise de Saint-André. — Cette église a une date assez précise, conservée par d'authentiques documents. Elle a été bâtie en très-grande partie sous le règne de Guigues-André, mort en 1236.

Cette église atteste que l'art n'était pas, au XIIIe siècle, aussi avancé à Grenoble qu'en d'autres lieux où déjà

(1) L'ancien palais était de l'autre côté de la place ; il en reste encore une haute tour ronde surmontée d'une sorte d'observatoire.

existaient de belles cathédrales. Peut-être doit-on attribuer l'infériorité des constructions de cette nature chez nous, à l'absence de matériaux faciles à travailler; quoi qu'il en soit, à part la flèche en tuf, bien postérieure à la tour carrée qui lui sert de base, cette église n'offre que peu d'intérêt architectural. Entrez-y néanmoins, et dirigez vous à gauche, vers une chapelle où vous trouverez un mausolée bien simple, que surmonte un buste de marbre blanc, d'un travail déjà ancien; devant cette place, inclinez-vous avec respect, car sous cette pierre repose tout ce qui reste matériellement de la gloire la plus noble et la plus pure que notre pays puisse revendiquer : Vous avez nommé Bayard, que ses contemporains ont appelé le chevalier sans peur et sans reproche. (1).

Au point de vue historique, Saint-André a plus de valeur pour Grenoble. C'était la chapelle particulière des dauphins, qui y avaient établi un chapitre; dans la sacristie, on gardait les insignes de la dignité delphinale : l'épée, le sceptre, l'*annel* et la bannière du glorieux Saint-Georges, patron du Dauphiné.

Cette bannière était portée devant le dauphin dans ses chevauchées guerrières, et l'on criait dans les combats : *Saint-Georges et Dalphiné.*

Tous ces emblêmes du souverain pouvoir de nos anciens princes furent enlevés à Saint-André pour être réunis à ceux de la royauté.

Plusieurs dauphins et quelques gouverneurs, des premiers temps de la réunion, avaient été ensevelis dans l'église de Saint-André. Tous ces tombeaux, ainsi que nous l'avons déjà dit dans l'histoire de Grenoble, furent indistinctement détruits dans les guerres de religion.

Les deux autres églises paroissiales de Grenoble, *Saint-Louis et Saint-Joseph*, valent à peine l'honneur d'être nommées.

On peut jeter un coup-d'œil sur la façade de l'église du collège, elle a été bâtie par les jésuites et rappelle

(1) Les cendres du chevalier Bayard n'ont été apportées à Saint-André qu'en 1823, à l'époque de l'inauguration de sa statue qui est sur la place du même nom. Elles étaient auparavant dans l'église ruinée des Minimes de la *Plaine*, à 2 kilomètres de Grenoble.

l'architecture traditionnelle des révérends pères. Il faut, du reste, bien se garder de pénétrer dans l'intérieur; l'église a été coupée en deux portions dans le milieu de sa hauteur. Le musée, dont nous parlerons plus tard, a été établi dans le compartiment supérieur.

L'Hôtel-de-Ville et le Palais de justice. — Ces deux édifices sont situés sur la place Saint-André, et ils ont, outre la position, une origine commune.

L'Hôtel-de-Ville et une partie au moins du Palais de Justice composaient autrefois le palais des dauphins. Louis XI en affecta une portion au *conseil delphinal*, dont il changea la dénomination en celle de parlement ; le reste fut réservé pour le prince ou pour son représentant. C'est dans cette dernière partie que Louis XI reçut l'hommage de l'évêque de Valence, et c'est là que la population ligueuse vint attaquer le maréchal d'Ornano, gouverneur, pour le roi Henri III, de la province du Dauphiné. Cet hôtel s'appelait *la Trésorerie*, et Henri IV en fit don à Lesdiguières qui y fit sa demeure après y avoir ajouté les bâtiments de la préfecture. Ce fut à cette époque que la ville recula son enceinte, et c'est alors, sans doute, que les deux édifices, dont nous nous occupons, furent séparés par la rue du Quai (1).

L'Hôtel-de-Ville, y compris la préfecture qui en est une dépendance, n'offre rien de remarquable; la partie la plus vieille, que signalent une tour et une tourelle, est bâtie sur les restes de la muraille romaine.

Le Palais de Justice offre un disparate choquant dans ses divers spécimens d'architecture. Ainsi, il y a du gothique, il y a de la renaissance, il y a de grandes ouvertures archivoltées qui appartiennent à toutes les époques postérieures : le tout sans parler de l'autre extrémité qui touche à la prison et où est située la cour d'assises : cela n'a aucune prétention à être de l'architecture, c'est une hideuse bâtisse. On n'a point cherché

(1) L'Hôtel-de-Ville, la Préfecture, le Jardin public et le Jeu de paume de Lesdiguières, aujourd'hui converti en théâtre, furent achetés par la ville des ducs de Villeroy, auxquels ils étaient venus par héritage.

à relier les diverses parties de ces constructions; les plus nouvelles se sont posées contre les plus anciennes, successivement, et sans nul soin de ce qui pouvait en résulter pour l'aspect de l'ensemble.

La partie gothique signale une époque de transition; l'autre portion, qui vient ensuite, semblerait d'une date plus reculée que celle de 1602, qu'on lit dans le passage conduisant à la place des Cordeliers. Ce passage a subi des mutilations, il n'y reste pas une des clefs qui reliaient les nervures de la voûte; on y voyait aussi, avant la révolution, les bustes des douze anciens dauphins de la province. Un seul d'entre eux a péri pourtant; nous retrouverons les autres dans la pièce qui précède la bibliothèque publique.

En montant l'escalier moderne, à double rampe, qu'on trouve sous ce passage, on arrive à la partie du palais réservée au tribunal civil. La première chambre, qui était autrefois la salle de la cour des comptes, mérite d'être visitée, bien qu'elle ait été défigurée par des mutilations et des restaurations successives; la boiserie des armoires qui revêtent les murailles, ainsi que celle de la cheminée, sont de style gothique et du plus délicieux travail; on ne peut se lasser d'admirer la variété des ornements : acanthe, pampre, feuillages de toute sorte, le tout évidé et à jour comme de la dentelle. Malheureusement le plafond, en bois aussi, mais d'une époque bien postérieure (du temps de Louis XIII peut-être), est lourd; la plupart de ses ornements ont été enlevés, et, chose inconcevable, il penche d'une façon choquante.

Dans l'autre partie du palais, consacrée à la cour royale, il y a deux belles salles qui datent de Louis XIV. La salle des audiences solennelles, autrefois la grande chambre du parlement, a de nobles dimensions, son plafond est orné de sculptures, parmi lesquelles on remarque de grandes figures en haut relief, mais on a eu le tort de le peindre en blanc, ce qui lui ôte beaucoup de son caractère de beauté sévère, qui convenait si bien au temple de la justice. La première chambre a un plafond qui, outre une exécution meilleure peut-être, a l'avantage d'avoir gardé sa couleur primitive. On a réparé, depuis peu d'années, les dégâts commis à l'époque de la révolution, en y plaçant des sculptures nouvelles, exécutées sur les modèles de M. Sappey; ce sont, outre une figure de la Justice et quatre trophées, des médaillons plus grands que nature, représentant Guy pape,

Expilly, Salvaing de Boissieu et Valbonnais. Sur des tables sont, de plus, écrits les noms d'autres magistrats et jurisconsultes célèbres du pays. Autrefois les murs de cette salle, dont la nudité contraste avec la richesse des boiseries, étaient tendus de velours bleu semé de fleurs de lys d'or.

Statue de Bayard. — En face du palais s'élève la statue de Bayard qui a été inaugurée en 1823. Il avait été souvent question d'ériger au bon chevalier un monument digne de lui, et toujours le projet avait échoué. Enfin la Restauration voulut acquitter la dette de la postérité envers une mémoire illustre et vénérée; malheureusement les préoccupations de l'époque se sont reproduites dans l'œuvre commandée à l'artiste. C'est moins à la vaillance qu'à la fidélité et à la religion qu'on élevait ce bronze colossal; et encore ne célébrait-on ces vertus de Bayard qu'en vue de la *religion* et de la *fidélité* présentes, deux puissances qui, tremblantes d'effroi, malgré la foule de leurs hypocrites adorateurs, se prêtaient un mutuel appui.

Comme de juste, la *religion* qui s'érigeait en protectrice s'est fait la première part. Aussi ce n'est pas le héros luttant contre une armée au pont de Garigliano qu'on a représenté aux yeux du peuple; un pareil exemple ne paraissait pas utile à donner, car on avait trop appris que les traditions de courage ne s'étaient pas perdues; ce n'est pas même le chevalier consacrant la monarchie du plat de sa bonne épée en la personne du roi François : c'est le pénitent à l'heure suprême, oubliant ses exploits pour confesser ses péchés sur la garde de cette glorieuse épée en laquelle il ne voit plus que la croix, symbole pacifique de la rédemption spirituelle. La part de la *fidélité* serait peu de chose si Bayard mourant ne rappelait pas en même temps le preux qui reproche à Bourbon sa trahison envers son roi et sa patrie; cependant sur le piédestal il y avait un partage plus égal entre les deux pouvoirs du temps. Ainsi, on lisait sur la première face au-dessous de l'inscription dédicatoire : *à Bayard*, la devise suivante attribuée au chevalier : *Dieu et le roi, voilà mes maîtres, onc n'en aurai d'autres.* On se promettait sans doute un merveilleux effet de ces paroles vraies ou supposées; c'était à la fois une leçon et un exemple donnés par la gloire à la génération nouvelle. Cette gloire était un peu surannée, il est vrai, mais on se faisait illusion au point de croire qu'elle pourrait lutter contre des souvenirs récents dont on avait expérimenté le danger.

Si jamais il y a eu des statues faites pour l'inscription, assurément Bayard peut en être une. En 1830, inscription et statues se ressentirent, à des degrés divers, des évènements politiques : l'inscription fut cachée sous une couche de plâtre qui la recouvre encore; le bronze fut décoré d'un drapeau tricolore qu'il semblait baiser avec amour. Puis l'étoffe pourrit sur la hampe qui se détacha à son tour, et Bayard, infidèle malgré lui, reparut ce qu'il était auparavant, le type du guerrier royaliste et chrétien.

Comme œuvre d'art, cette statue du sculpteur Raggi est médiocre; mais dans un sujet où l'artiste n'a pas toute liberté, la réussite est difficile. On n'aime pas cette pose torturée d'un homme blessé à mort et qui se tient debout, on ne sait ni comment ni pourquoi. La vérité historique d'ailleurs, aussi bien que la vraisemblance physique, donne un démenti à cette position malheureuse, infligée au guerrier mourant. Enfin cette statue restera toujours aussi bien le monument de l'époque qui la vit ériger que celui du chevalier dont elle reproduit les traits.

Le *Château d'eau*. — Cette belle fontaine est située sur la plus grande place de la ville, sur la place Grenette. Elle date de l'année 1823, le dessin a été fait par M. Modona. Les dauphins sont de notre statuaire, M. Sappey. L'eau sort au sommet, par un tube décoré de feuilles d'acanthe, qu'elle enveloppe de toutes parts d'un cristal mobile et étincelant; elle est reçue dans une première coupe aplatie qu'elle déborde de tous les côtés, en formant une cascade cylindrique. Au-dessous, est une deuxième coupe d'un seul bloc et remarquable par ses grandes dimensions; de là, les eaux se répandent dans les conduits qui les distribuent aux divers quartiers de la ville. Une faible partie est réservée pour les bornes qui environnent le monument ainsi que pour les quatre dauphins. Ces êtres tout fantastiques, — car ils ne ressemblent en rien au petit cétacé de nos mers qui porte ce nom, — sont de charmants bronzes d'un seul modèle. Leur queue s'appuie contre la grande coupe qu'ils semblent supporter, pendant que leur grosse tête vient jeter l'eau dans le bassin inférieur; ils portent sur leur dos de beaux enfants, plus grands que nature, qui d'une main les guident avec des rênes, pendant que de l'autre ils tiennent une couronne composée de trois roses entrelacées, fleurs emblématiques qui figurent dans le blason de la ville, comme le dauphin dans celui de la province.

On reproche à cette fontaine d'être un peu écrasée, c'est un défaut auquel le peu d'élévation des eaux n'a pas permis de parer. Telle qu'elle est, la belle nappe qui s'épanche de sa coupe supérieure et ses sculptures en feront toujours l'un des plus gracieux monuments de ce genre.

Fontaine de Saint-Laurent. — Elle n'a que deux ans d'existence; on la doit tout entière, architecture et sculpture, à M. Sappey.

Un lion colossal, vainqueur d'un serpent qu'il tient aplati sous sa large griffe, sans quitter son demi repos, menace de ses dents puissantes l'ennemi qui, dans un suprême effort, tente encore de relever sa hideuse tête. Le lion est en pierre de Sassenage, d'un seul bloc; le serpent est en bronze. Ce dernier jette seul de l'eau qui retombe dans une espèce de petit bassin orné de feuilles aquatiques et engagé dans le socle; elle est ensuite versée, pour les besoins publics, par deux tubes placés plus près du sol, aux deux extrémités du piédestal.

La sculpture de cette fontaine est d'une grande beauté; les détails en sont étudiés avec soin et réussis au-delà de tout ce pouvaient attendre les personnes qui connaissent toutes les difficultés de l'exécution sur une pierre aussi dure. L'artiste perd beaucoup à ce qu'on ne puisse voir de tous les côtés son œuvre principale. Quoi qu'il en soit des défauts que la critique locale, à tort ou à raison, a reproché à cette fontaine, sans tenir compte des obstacles résultant de la nature de l'emplacement et du manque d'espace, elle fera toujours honneur au sculpteur qui, depuis, s'est fait connaître, hors de Grenoble, par la statue que la ville de Valence a décernée à l'un de ses plus illustres enfants, au général Championnet.

Fontaine de la place Sainte-Claire. — Cette fontaine est surmontée d'une statue en marbre blanc, assez bonne copie d'un antique.

Fontaine de la place Notre-Dame. — Elle se compose d'une colonne en pierre de Sassenage, que couronne un chapiteau corinthien, portant lui-même une boule de cuivre. Au pied du socle, sur lequel est guindée la colonne, s'ébattent quatre cygnes, en plomb bronzé, qui versent l'eau aux quatre faces.

Tout cela est insignifiant et il eût été facile, sans beaucoup plus de frais, d'avoir quelque chose de plus intéressant, quand ce n'aurait été, selon les idées du temps, qu'une fontaine de style roman qu'on eût décorée de l'effigie de l'évêque Isarn, fondateur de la vieille cathédrale et du pouvoir temporel des évêques.

L'*Hercule du jardin*. — Cette statue en bronze, un peu plus grande que nature, vient de Vizille où elle ornait les jardins de Lesdiguières.

§ VII. — **Etablissements publics.** — Nous ne citerons, bien entendu, que ceux qui méritent d'être visités ou qui peuvent l'être facilement. Nous laisserons ainsi de côté les hôpitaux, qui n'ont rien d'intéressant pour la majorité des voyageurs, et les arsenaux où existent, dit-on, de belles salles pleines d'armes de toute espèce, mais toutes modernes et remarquables seulement par leur grand nombre qui suffirait à une armée. Notre revue sera bien abrégée, car nous n'avons plus à indiquer que la bibliothèque publique avec son cabinet d'antiquités, le cabinet d'histoire naturelle et le musée des tableaux, établissements qui sont tous dans le même local.

Bibliothèque. — Au-delà de la voûte qui conduit de la rue Neuve aux anciens remparts, par-dessous les bâtiments du Collége, on trouve, à gauche, une porte qui est surmontée de l'inscription indicative suivante : *Bibliothèque publique*. Un escalier assez pauvre mène à cet établissement qui occupe le second étage. Dans une petite pièce servant d'antichambre, sont les bustes des dauphins et un médaillon attribué au procureur général Bucher que nous avons cité aux notes biographiques. Les bustes sont, bien entendu, des portraits de fantaisie faits à une époque assez voisine de la nôtre et tous de la même main.

La première salle des livres est garnie de bustes reposant sur des cippes; nous recommanderons celui de Barnave, œuvre admirable de Houdon, et celui de Vocanson, par M. Sappey. Autour de cette salle, comme autour de la grande, règne une galerie destinée à rendre accessibles les rayons supérieurs. Quelque vastes que soient les dimensions de ces salles, l'espace y manque aux richesses bibliographiques qu'on évalue à 70,000 volumes, parmi lesquels on compte beaucoup de raretés, en manuscrits ou en vieilles éditions. Cette bibliothèque date de l'acquisition, faite par souscription, des 40,000 volumes de l'évêque Caulet; en 1789 ce chiffre s'était déjà considérablement augmenté, quand on y versa les bibliothèques de la Grande-Chartreuse et d'autres couvents supprimés. Malheureusement les époques d'orages politiques intérieurs ou de guerres extérieures sont peu favorables aux occupations pacifiques de l'intelligence, et la bibliothèque fut négligée. Beaucoup de choses furent dédaignées et périrent, soit dans les autodafés dressés aux papiers que leur ancienneté rendaient suspects de tendances féodales, soit chez l'épicier où leur mort fut plus lente mais aussi plus douloureuse, au moins pour le bibliophile qui s'indigne à la pensée de ces lambeaux arrachés page à page et consacrés à quelque honteuse utilité. Aujourd'hui cette bibliothèque s'accroît des dons particuliers, de ceux du gouvernemeut et des allocations ordinaires ou extraordinaires du conseil municipal.

Deux conservateurs sont attachés à cet établissement; l'un d'eux est spécialement chargé des livres précieux et des ouvrages qui ont un intérêt dauphinois. On a le projet de former, avec ces ouvrages, une bibliothèque particulière, annexe de la grande, quand on pourra y affecter un local distinct. A cette bibliothèque dauphinoise on devrait joindre les archives de la Cour des comptes, dépôt précieux qui gît inutilement dans les combles du Palais de Justice. Les pièces qui le composent sont nombreuses encore, malgré les détournements qu'il a eu à souffrir. Nous en avons déjà signalé un qui toutefois est réparable ; mais il y en a eu d'autres auxquels il n'est plus de remède. Nous citerons celui de masses de parchemins, qu'un magistrat de la cour — c'était un des plus forts pourtant — eut la lumineuse idée de convertir en engrais, pour le plus grand profit de ses vignes.

Cabinet d'antiquités. — Pour aller dans la pièce qui lui est consacrée, on traverse une salle servant aux lectures pendant l'hiver, et qui est garnie de portraits de plusieurs personnages illustres de la province. Le cabinet contient quelques petits bronzes assez jolis et des antiquités appartenant aux principaux peuples qui ont marqué dans l'histoire; en réunissant à cette collection le médailler de la ville, considérable au moins par le nombre des pièces qu'il renferme, ainsi que les objets précieux récemment achetés de M. de Pina, en déposant le tout dans un local convenable, on aura un des beaux cabinets de province.

Cabinet d'histoire naturelle. — L'nsuffisance du local consacré aux collections diverses de l'histoire naturelle, a empêché leur accroissement. Tous les objets y sont forcément entassés et dans une assez grande confusion ; on a même été obligé de déposer momentanément, dans la galerie des tableaux, une jolie giraffe envoyée d'Égypte, avec d'autres objets, par le docteur Clot-Bey, notre compatriote. On peut néanmoins y voir une collection à peu près complète des oiseaux et des mammifères du Dauphiné, une collection minéralogique et deux beaux herbiers : l'un qui a été laissé par Villars, l'autre qui a appartenu au célèbre Mounier et à son fils, M. le baron Mounier, par lequel il a été légué à la ville de Grenoble.

Ce cabinet doit être transporté au jardin botanique de création nouvelle, où l'on se propose de construire incessamment un local capable de contenir une collection digne d'un pays favorisé, entre tous, pour l'étude des diverses branches de l'histoire naturelle.

Musée des tableaux. — Cette galerie occupe, comme nous l'avons dit, la partie supérieure de l'église du collége Le nombre et l'importance des toiles en font une des belles galeries de la France. Il y a des tableaux capitaux appartenant à de très-grands maîtres, et presque toutes les écoles célèbres y sont représentées. Le morceau. principal est sans contredit un magnifique Rubens, l'un des plus beaux que la France possède et qu'elle doit à nos conquêtes. Les étrangers le redemandèrent, mais sous un nom autre que celui dont on l'avait baptisé dans sa nouvelle patrie, et il nous est resté. Il était à Anvers autrefois et décorait, dans l'abbaye de Saint-Michel, le tombeau de la mère du grand artiste. Huit Philippe de Champagne, un Jordaens, un Vander Meulen des plus précieux, un Crayer, de beaux portraits de Van Eeckout, de Moor, de Terburg, etc., telle est la part des écoles flamande et hollandaise. Parmi les œuvres venues de l'Italie, un Solario, un Pérugin, remarquables surtout par leur ancienneté, trois Paul Véronèse, deux Tintoret, trois Albane, deux beaux Canaletti, etc., occupent un rang distingué.

Les peintres espagnols y sont représentés par un magnifique Ribéra (l'Espagnolet), un portrait de Velasquez, énergiquement peint et une charmante petite toile de Murillo.

L'école française nous offre les noms de Poussin (copie de l'école d'Athènes), Lesueur, Lebrun, Jouvenet, etc.

Parmi les paysages, le musée de Grenoble montre, avec orgueil, deux Claude Lorrain (paysage et marine), et un Hobbéma, tous de grand prix.

Cette salle, trop petite pour contenir toutes les peintures que possède la ville, va recevoir une annexe dans les bâtiments nouvellement construits sur la cour du collége. Les anciens maîtres resteront, comme de juste, dans le grand salon: — A tout seigneur honneur. — Les contemporains iront dans le nouveau où ils souffriront moins d'un dangereux voisinage, et tous gagneront à cet arrangement. On doit créer aussi un salon spécial pour la statuaire; à la vérité, on ne peut guères espérer d'avoir autre chose que des plâtres moulés sur les belles statues antiques ou modernes; mais c'est déjà quelque chose pour l'étude.

Une amélioration utile pour le grand nombre des visiteurs, a été introduite dans le musée de Grenoble. Sur chaque cadre est le nom de l'artiste auquel on attribue le tableau. Il y a néanmoins un livret nouvellement fait par un membre de la commission qui préside aux collections publiques. Il contient des notices pleines d'intérêt sur les toiles de la galerie grenobloise et sur les peintres qui les ont produites.

§ VIII. — **Promenades publiques.** — *Le Jardin.* — Cette promenade réunit tous les soirs, dans la belle saison, la population de la ville. Elle a été en partie dessinée et plantée du temps de Lesdiguières et pour lui; la grande terrasse est ombragée par d'énormes marronniers dont la plupart arrivent à la décrépitude; déjà même on en a remplacé plusieurs. Le plus grand d'entre eux, qu'il est facile de distinguer, est encore plein de vigueur; il porte fièrement, à une hauteur considérable, plusieurs branches qui feraient autant de beaux arbres. Ce marronnier est le végétal le plus *illustre* de notre pays; contemporain de Lesdiguières, il a conservé comme titre de noblesse le nom de *Connétable;* frappé, en 1815, par un obus ennemi, il montre encore sa blessure, moins comme un souvenir de malheur, — car *sa santé* n'en est pas altérée, — que comme un titre de gloire.

Le Jardin des Plantes. — Il est situé dans la nouvelle ville et sera bientôt un lieu charmant; il y a de beaux ombrages, restes conservés de l'ancien Bois-Rolland. Nous avons déjà dit que cet établissement doit être complété par des bâtiments destinés aux collections d'histoire naturelle et au cours de botanique.

Le Cimetière. — Du jardin des plantes on peut aller visiter le cimetière; il est situé hors de la ville d'où l'on sort par la porte des *Adieux.* Ce nom fût donné à cette porte, dont la destination principale est suffisamment indiquée, par les ouvriers qui travaillaient à sa construction ; l'autorité l'a adopté, et, en effet, l'académie des inscriptions eût-elle trouvé mieux ?

Cette promenade est triste, mais autant qu'une autre elle vaut une visite. Après avoir vu la ville des vivants, il faut voir la cité des morts; il y a dans celle-ci bien des choses qui servent à faire connaitre l'autre : le goût, l'esprit, le cœur même, laissent leur empreinte sur la pierre qu'on érige aux regrets ou à la vanité, quand ce n'est pas à l'intérêt, comme dans les cas — rares pourtant — où le marbre funéraire n'est qu'une enseigne au service des survivants.

Le cimetière de Grenoble n'est point un jardin anglais, aux allées sinueuses comme le *père Lachaise* de Paris et *Loyasse* de Lyon; c'est un vaste rectangle percé de longues et étroites avenues qui le coupent à angles droits et le divisent en compartiments réguliers. Entre les mouvantes pyramides des peupliers, on aperçoit, sur les bords des carrés, une foule de socles, d'urnes, de sarcophages, ou même de simples pierres dont l'ensemble produit la plus mélancolique impression. Parmi tous ces monuments, qui n'ont rien de la somptuosité qu'on a pu remarquer dans les nécropoles dont nous venons de citer les noms, il y a cependant quelques jolies sculptures. Lisez aussi quelques-unes des inscriptions qui couvrent ces pierres; parmi beaucoup de platitudes sentimentales, il y a des choses qui méritent d'être retenues. Nous en avons lu, autrefois, sur une tombe modeste et cachée presque entièrement sous le gazon ; elle n'avait qu'un mot : *optimæ* (à la meilleure). Quelle était celle qui reposait au-dessous et à qui une douleur vraie, sans doute, avait dédié cette oraison funèbre, la plus courte et la plus complète à la fois qu'on puisse faire à une femme? Nous ne l'avons jamais su; nous ne l'avons pas demandé; nous avons respecté, même par la pensée, le secret de ces regrets si simplement exprimés.

Une autre inscription fera frémir toutes les mères : « *Ici reposent les six enfants de deux sœurs, décédés du 1er au 11 avril* 1833. »

Contre la muraille de droite, s'appuie un mausolée où est gravé seulement un nom : *Paul Didier*. Aucune date ne l'accompagne; il n'en était pas besoin, le millésime 1816 est écrit chez nous en caractères sanglants qui ne s'effaceront point. C'est seulement depuis 1830 que Didier repose à cette place; à cette époque vivait encore une femme dont l'amour conjugal s'exalta jusqu'à l'héroïsme dans les douloureux évènements qui l'atteignirent. Elle semblait attendre, avant de partir, l'heure où elle pourrait obtenir au corps de son mari la réhabilitation de la tombe.

Un jour, les portes du cimetière étaient fermées; dans un coin abandonné d'où la justice humaine bannit impitoyablement le culte de tout pieux regret, un prêtre présidait à une exhumation dirigée par une femme âgée, qui, dans son cœur, avait marqué la place aussi sûrement qu'eût pu le faire, sur le sol, un marbre commémoratif. Au milieu des débris du cercueil, la terre rendit des restes humains, qui offraient la trace évidente du passage de la hâche. Une bague brillait encore à ce qui fut un doigt; l'épouse la mit à sa main comme symbole de la nouvelle et indissoluble union qu'elle espérait, et après avoir baisé les reliques du supplicié de 1816, elle pria sur elles et puis attendit, consolée.

L'*Ile-Verte*. — Entre le cimetière et les remparts, les glacis plantés d'ormeaux forment une promenade, aujourd'hui négligée, qui s'étend jusqu'aux bords de l'Isère, d'où l'on a une jolie vue. — Une ceinture d'arbres, pareille à celle-ci, environnait les anciennes murailles dont elle suivait tous les angles saillants ou rentrants; elle a disparu avec les fortifications nouvelles.

Le Cours. — Située à l'extrémité opposée de la ville, cette promenade à laquelle on arrive par la porte de Créqui, se compose de quatre rangées d'arbres ombrageant trois voies séparées les unes des autres par des fossés pleins d'eau courante. Celle du milieu est seule à l'usage des voitures et des animaux; c'est une des plus longues avenues qui existent en France, elle compte au moins huit kilomètres en ligne parfaitement droite.

L'Esplanade. — Cette promenade est située hors de la porte de France, sur la rive droite de l'Isère qui la baigne dans sa plus grande longueur; elle est plantée de platanes, de sycomores et de peupliers d'Italie. C'est un champ de manœuvre pour la garnison.

Sainte-Marie, *Rabot*, *la Bastille.* — Ces lieux ne sont pas des promenades, dans le sens qu'on attribue à ce mot au sein des villes, et, cependant, on y trouve plus d'intérêt qu'au milieu de ces espaces où la ligne droite règne tyranniquement, où le regard se trouve en quelque sorte emprisonné dans les rangées symétriques des arbres, comme dans une grande lunette qui ne montre jamais qu'un point dans l'éloignement.

Là, du moins, la vue est libre, et chaque pas que l'on fait lui donne un nouveau développement.

Deux voûtes pratiquées sous les maisons du quai Perrière permettent l'accès de Sainte-Marie Nous conseillons, comme s'ouvrant sur un chemin plus accessible, celle qui se trouve le plus près du pont de Pierre. Dès que l'on est arrivé sur le plateau où s'élève l'ancien monastère de la Visitation, fondé par Saint-François-de-Sales qui y mit la première pierre, l'on est amplement dédommagé de la peine d'une courte ascension : le panorama de la ville et des montagnes se montre aux yeux du spectateur.

Sur le second plan, au-delà de l'Isère, c'est la ligne des quais, c'est le jardin; cette haute flèche percée de fenêtres ornées de meneaux et de triboles, c'est le clocher de Saint-André; plus loin, et sur la droite, une tour carrée indique Saint-Louis; plus loin encore, et un peu à gauche de Saint-Louis, on rencontre l'église paroissiale de Saint-Joseph; bien plus à gauche, et sur un plan beaucoup plus rapproché, la tour romane de Notre-Dame s'élève à côté d'une tour ronde, relique conservée du vieux palais épiscopal qu'elle signalait à tous les yeux avec une fierté suzeraine. Saint-Laurent seul se dérobe au regard, mais d'un point plus élevé nous le découvrirons bientôt; en attendant, franchissons les toits rouges de la ville que varient quelques hauts pignons d'ardoises, et, sans nous arrêter aux lignes confuses encore de la plaine, parcourons l'amphithéâtre irrégulier des montagnes qui l'environnent. D'abord, à droite et au-delà du Drac, dont on peut déjà distinguer les chaussées que dessinent en partie des peupliers d'Italie, cette chaîne aux crêtes rocheuses qui fuit vers le midi, c'est Saint-Nizier, c'est le col de l'Arc, et à l'extrémité de la ligne, par-dessus d'autres montagnes assez semblables aux pyramides de l'Egypte mais bien plus colossales, c'est le col de la Croix-Haute, par où l'on communique avec la Provence.

En revenant à gauche, on trouve, dominant une chaîne plus rapprochée, le sommet blanchi de l'Obiou; puis, à peu près dans la direction d'Eybens, la croupe du sombre Taillefer, sur lequel s'allongent des torrents de glace ou de neige, suspendus dans les ravines; plus à gauche et se rapprochant davantage, sont les pâturages de Chanrousse, situés à l'extrême limite de la végétation; après, viennent plus hautes et se détachant sur l'azur du ciel comme un blanc feston, les cimes, sœurs et satellites de la Belledone qui les domine toutes. La Belledonne (belle femme), à la fin de l'été, quitte quelquefois sa blanche couronne, mais elle garde toujours un camail d'hermine que lui forment les neiges accumulées et glacées au point où elle s'appuie sur les pics voisins. En redescendant, l'œil trouvera d'abord des espaces grisâtres, ce sont des roches éboulées de la montagne; au-dessous une verdure pâle, ce sont les premières pelouses alpines; plus bas, une verdure sombre, ce sont de magnifiques forêts de sapins, qui, à cette distance, paraissent d'humbles broussailles; après les sapins viennent les cultures, puis enfin des coteaux couverts de châtaigniers qui s'appuient sur la vallée elle-même.

Quand on a donné quelques instants à la contemplation de cette première vue, il faut poursuivre son chemin, car elle n'est, en quelque façon, que le frontispice du splendide album que la nature ouvre, page à page, à mesure qu'on s'élève. Franchissez vite la porte de la citadelle de Rabot (1), passez à côté de ces massives fortifications qui n'intéressent ni l'artiste, ni le promeneur, et, quand vous serez sur le premier plateau où existent des constructions nouvelles, et, près de la vieille tour qui a retenu le nom du président Rabot, vous découvrirez une vallée qui ne s'était pas encore montrée à vos yeux; c'est celle où les eaux du Drac se réunissent à l'Isère qui les emporte vers le Rhône. Puis, une autre rampe dirigée en sens contraire vous conduira au-dessus

(1) Pour entrer à Rabot on a besoin d'une permission que l'autorité militaire ne refuse pas; il faut avoir soin de faire demander une carte au bureau du commandant de place à la vieille citadelle.

du quartier Saint-Laurent, où vous aurez encore un aspect nouveau et plus magnifique, celui de la vallée du Graisivaudan, proprement dite, s'étendant des remparts de Grenoble aux montagnes de la Savoie. Désormais, il en est toujours ainsi jusqu'au point culminant de la forteresse, c'est-à-dire que chaque détour du chemin offre alternativement l'une ou l'autre vallée. Elles forment un angle à peu près droit, dont Grenoble occuperait le sommet; comme point fixe, on a toujours la ville et la Plaine (1) dont les plans se développent et les détails se distinguent mieux à mesure qu'on les domine davantage.

Du haut de la Bastille, élevée de 500 mètres au-dessus de la mer, le regard embrasse tous ces divers aspects dont la réunion présente, sans contredit, un des plus beaux tableaux qui puisse s'offrir aux yeux de l'homme, sans excepter aucun pays. Où trouver, en effet, des montagnes qui, au même point que celles-ci, étonnent et charment à la fois l'œil du voyageur? Sur leurs sommets neigeux, l'hiver, monarque absolu, règne sans partage, pendant que sur leurs flancs et à leurs pieds, les autres saisons viennent tour à tour étaler leur parure et déposer leurs dons. Quelle est la vallée qui peut prétendre à l'emporter sur la nôtre en pittoresque grandeur et en gracieuse fécondité? Deux rivières y mêlent leurs ondes, l'une rapide, impétueuse, s'élance en droite ligne comme le trait, ou comme le fantastique dragon dont elle a pris le nom (2); l'autre, au contraire, multipliant ses contours ressemble à un gigantesque serpent aux replis argentés qui glisse sur l'herbe des champs et à travers les grands arbres (3). Sur toutes les rives de ces cours d'eau, la plus riche végétation étale les diverses teintes de sa verdure:

(1) On donne le nom de **Plaine**, sans autre désignation, à la partie la plus large de la vallée au-delà des faubourgs de Grenoble.

(2) Le Drac en latin *Draco.*

(3) De tout temps le peuple a saisi cette ressemblance. Un vieux dicton, destiné à rendre d'une façon saisissante le danger du voisinage des deux rivières, s'exprime ainsi :

Lou serpent e lou dragon
Mettront Grenoblo en savon.

dans le bas de la vallée, le chanvre, les céréales, les récoltes de toute espèce croissent sous le pampre entrelacé aux rameaux du cerisier ou de l'érable ; le noyer, le mûrier bordent les routes et jusqu'au moindre chemin ; le peuplier, le saule et d'autres arbres encore encadrent chaque parcelle de terre ; des vergers environnent les habitations qui se multiplient chaque jour dans cet heureux pays ; la vigne basse tapisse les coteaux où mûrissent en même temps la pêche, la figue et le fruit de l'amandier ; les cultures disputent le sol aux sapins, jusqu'à une hauteur où la charrue semblait ne devoir jamais monter ; partout, enfin, c'est la nature avec ses beautés éternelles ou avec les embellissements qu'elle doit à une population intelligente et active.

De ce belvédère, le voyageur peut commencer à prendre une idée de la position des lieux qu'il aura à visiter dans les environs de Grenoble :

Derrière lui, et dans l'intérieur des montagnes dont il a gravi un premier gradin, est le monastère de la Grande-Chartreuse, défendu contre les approches et même contre les regards du monde par une triple ceinture de rochers, de forêts et de torrents.

A sa droite, et au-delà de l'Isère grossie par le Drac, il aperçoit Sassenage assis au pied d'un ravin au fond duquel un œil exercé peut même voir blanchir les cascades du Furon. En remontant ensuite la ligne des montagnes, il trouvera Fontaine, Seyssinet et Seyssins, pittoresques villages, les deux derniers surtout qui, dominant la vallée ouverte devant eux, jouissent d'une admirable vue. Derrière cette même chaîne aux sommets arides et qui semble une impénétrable barrière, à une hauteur considérable, sont de beaux pays dont les pâturages et les bois forment la principale richesse ; on les appelle les Quatre-Montagnes du nombre de leurs principales agglomérations qui reconnaissent, pour chef-lieu, le bourg du Villard-de-Lans.

En deçà du Drac est le Cours, à l'extrémité duquel est construite l'arche unique et hardie du pont de Claix. Si on le traverse, on atteint successivement les bourgs de Vif, du Monestier-de-Clermont et de Clelles, tous situés en deçà de la Croix-Haute. Si l'on reste sur la rive droite du Drac, on va à Vizille où s'embranchent la route de Gap par la Mure et celle de Briançon par l'Oisans. C'est en remontant le Drac qu'on trouve l'établissement thermal de la Motte.

A gauche du Cours et à peu près au centre de la plaine, une route droite aussi, mais non plantée, aboutit à un village que domine un château, c'est la route d'Eybens; c'est par là qu'arriva l'Empereur en 1815; c'est près d'Eybens qu'il rencontra Labédoyère et qu'eut lieu la scène reproduite par le pinceau de Steuben et popularisée par des milliers d'estampes gravées ou lithographiées.

Un troisième tronçon de route coupe encore, en ligne droite, la plaine de Grenoble; c'est la route départementale de Montmeillan qui traverse Gières, Domène, Tencin, Goncelin et Pontcharra. A Gières, on prend le chemin d'Uriage qui est caché dans un pli de la montagne, et à Goncelin on quitte la grande vallée pour entrer dans l'étroit vallon au bout duquel est Allevard.

La rive droite de l'Isère est encore plus peuplée que la gauche; il n'y aurait qu'une rue de la porte Saint-Laurent à la frontière de Savoie, si toutes les maisons éparpillées sur les coteaux ou dans la plaine bordaient la route.

A deux cents mètres des murs de Grenoble on traverse d'abord la Tronche, commune distincte, malgré sa proximité de la ville. Au-dessus de la Tronche, et sous les rochers du Mont-Saint-Eynard, est Corenc avec ses couvents de Mont-Fleury et de la Providence. Mont-Fleury est un ancien château delphinal converti en monastère par le dernier dauphin, Humbert II; dans cette charmante retraite, au nom si joli, la règle ne fut jamais bien sévère pour les douces filles de Dieu; si elles s'étaient éloignées du monde, on pouvait dire en quelque sorte que c'était pour le mieux voir, tant la vue de la terrasse s'étend avec complaisance sur la ville et les belles campagnes qui l'environnent; et puis le parloir du monastère était si bien hanté que les bruits les plus mondains y trouvaient tous des échos. La réforme essaya maintes fois ses tentatives odieuses contre cette religion si aimable; nous ne parlons pas de celle qui au XVIe siècle brisa la cellule et le cloître, dispersant au loin la brebis et le bouc, mais de cette réforme au pâle visage qui s'en va resserrant les grilles, ôtant à la prière toute spontanéité et toute joie, pour lui substituer les menues pratiques et les macérations de tout genre qui tuent l'âme bien plus sûrement que le corps. Grâce à Dieu, Mont-Fleury triompha de ce péril et dans le siècle dernier, il eut l'honneur de voir briller, dans le gentil troupeau abrité sous son toit, sœur Claudine de Tencin (1).

Au-delà de la Tronche l'on rencontre une foule d'agglomérations dont voici les principales : Montbonnot, Bernin, Crolles, Lumbin, la Terrasse, le Touvet, la Buissière et Chaparcillan. A droite et à gauche de la route, il y a encore des villages, plus ou moins considérables, parmi lesquels on doit citer Barraux que le génie militaire retient à quelque distance du grand chemin, dans l'intérêt de la défense du fort qui porte le même nom.

Enfin, la route qui s'ouvre à la porte de France et suit la rive droite de l'Isère au-dessous de Grenoble, conduit à Voreppe et successivement à Moirans ou à Voiron. De ces deux points partent toutes les routes royales ou départementales qui conduisent à Valence et à Lyon.

Avant de redescendre de la Bastille, on peut visiter les casemates qui, par leurs ouvertures, offrent des aspects que leur isolement du reste du paysage fait singulièrement valoir. Ces fortifications ont remplacé une vieille redoute qui déjà portait le même nom. Commencés sous la restauration, les travaux ont pris, après 1830, une nouvelle activité et un développement qu'on ne songeait pas à leur donner. C'est le général Haxo qui a eu, dit-on, la première idée de ces ouvrages importants qui ont fait de Grenoble l'une de nos premières places fortes. La nouvelle enceinte, jetée autour des faubourgs de Très-Cloîtres et de Saint-Joseph, a été commencée en 1832. On a dépensé à Grenoble environ 18 millions.

(1) Le couvent d'aujourd'hui n'a point de rapport avec l'ancien monastère ; les dames qui l'occupent se vouent à l'éducation des jeunes filles.

EXCURSIONS HORS DE GRENOBLE.

SASSENAGE (6 kilomètres de Grenoble).

Ce bourg est très-ancien; il serait, dit-on, l'ancien chef-lieu des *Cassenates*, peuplade faisant partie des Voconces et son nom latin *Cassenaticum* semble justifier cette opinion. Ce pays a dû une grande célébrité dans le moyen-âge à ses cuves; elles ont figuré parmi les sept merveilles du Dauphiné qui depuis...., mais alors Science n'avait pas tué Croyance. La renommée de Sassenage s'est ensuite maintenue sur un titre plus réel mais qui est usurpé; il s'agit des fromages qui portent son nom et qu'on fait exclusiment dans les Quatre-Montagnes. Aujourd'hui Sassenage se recommande par des beautés longtemps inappréciées, et cette illustration nouvelle n'a plus rien à craindre des progrès de l'esprit humain; car le sentiment de l'art se développe avec les lumières, et les merveilles de la nature sont d'autant plus admirées que l'imagination n'y cherche point de mystérieux secrets, qu'elle ne les peuple plus d'êtres surnaturels.

La distance de Grenoble à Sassenage se franchit en une heure; la route qui y conduit est plantée jusqu'au pont du Drac. Ce pont, en chaînes de fer forgé, est remarquable par ses dimensions et il a été assez longtemps l'une des plus hardies constructions de ce genre. Au-delà du pont, le chemin neuf traverse une plaine fertile, coupée de ruisseaux et couverte d'une puissante végétation; bientôt on voit grandir les montagnes coupées à pic, qui s'élèvent au-dessus du bourg et l'on se trouve au milieu de maisons gracieuses où tout respire l'aisance et la propreté.

La gorge du Furon s'ouvre derrière la principale place, et l'on y arrive sous l'ombre de grands noyers qui masquent d'abord la vue des cascades, mais laissent arriver le bruit des eaux. Bientôt le torrent se montre sur un lit de graviers qu'il recouvre de son cristal limpide ; un pont-acqueduc jeté d'une rive à l'autre, avec ses pierres brunies par le temps, verdies par la mousse, tapissées en partie d'arbustes flexibles qui grimpent par leurs assises pour retomber en gracieuses guirlandes, est le premier objet qui frappe le spectateur; puis sur le bord opposé il contemple des maisons suspendues sur le ravin, et au-dessus des maisons, des roches suspendues aussi et retenues, depuis des siècles, dans leur chute à moitié accomplie; quelques gerbes d'eau s'éparpillent sur les aspérités de cette rive et, de chute en chute, arrivent en perles étincelantes jusque dans le Furon. Quand, ensuite, l'œil peut dominer la ligne horizontale de l'acqueduc, dans le creux d'un rocher situé vis-à-vis, il voit monter une poussière humide au milieu de sourds mugissements et à travers les branches de coudriers fortement agitées : c'est la première cascade. Un chemin rapide conduit en peu temps aux cuves, car c'est encore ce nom qu'on donne aux grottes de Sassenage. Tous ces lieux offrent l'empreinte d'un bouleversement qui, pour être antérieur à tous les souvenirs historiques, n'en frappe pas moins l'esprit de l'observateur; les traces qu'il a laissées paraissent récentes et d'énormes blocs semblent encore rouler sur les pentes rapides de la rive gauche. Quand on est près du terme de l'ascension, on s'éloigne du Furon, mais bientôt on se trouve sur les bords d'un autre courant qui se précipite sur un lit rocailleux qu'encombrent des pierres moussues tombées de la montagne. Avant qu'on ait songé à s'étonner de cette rencontre inattendue on en trouve l'explication : une large ouverture, creusée comme à main d'homme, laisse voir une cascade qui tapisse tout le fond d'une grotte, sans permettre à l'œil d'atteindre le point d'où tombent les eaux ; en sorte qu'on supposerait volontiers l'immense rocher entr'ouvert, jusqu'au sommet, pour laisser un passage à cette rivière souterraine. Si pourtant, au risque de recevoir quelques gouttes de la pluie qui mouille les abords de la caverne, on s'en approche un peu, une lueur qui argente le sommet de la cascade laisse deviner une ouverture latérale et plus élevée. Il est facile d'y arriver en traversant le ruisseau au-delà duquel on retrouve le sentier ; bientôt on entre dans une grotte spacieuse où se réunissent les eaux que récèle la montagne, pour former la nappe singulière qu'on n'admire pas moins d'en haut, quoique d'en bas elle ait pu étonner d'avantage.

A l'entrée d'une galerie que visitent encore les étrangers, sont deux petites cavités que les *cicerone* du pays leur montrent toujours avec une importance mêlée de quelque respect : ce sont les cuves, c'est la vieille *merveille*. Autrefois elles se remplissaient d'eau, *on ne savait comment*, la veille du jour des rois, quand l'année devait être abondante, et restaient plus ou moins vides, suivant qu'on était menacé de stérilité plus ou moins complète ; maintenant qu'on ne consulte plus l'oracle, elles sont toujours à sec et *l'on sait bien pourquoi*.

Du reste, nos pères ne furent pas insensibles aux beautés des grottes et leur imagination excitée par tout ce qu'ils voyaient, y mêla encore le merveilleux ; mais du moins cette fois il n'était pas dépourvu de poésie. Ils supposaient que là était la demeure favorite de Mélusine ; elle résidait au fond du rocher dans un palais magique dont les jardins s'embellissaient de ces fraiches et limpides eaux qui s'échappent du sein de la montagne. C'est par ces cavernes qu'elle quittait son féerique domaine, pour venir au milieu des hommes ; un jour qu'elle en sortait, une trompe de chasse résonnait dans le ravin ; c'était le fils du baron de Sassenage, adolescent aux blonds cheveux, qui avec sa meute et ses varlets regagnaient le paternel manoir perché sur les rochers de la rive gauche du Furon. Pour être immortelle, on n'en est pas moins sensible, témoin la déesse Calypso et bien d'autres encore. La fée s'éprit donc du damoisel et, comme elle était belle, elle plut aussi ; finalement ils s'épousèrent, mais auparavant la fée avait exigé de son amant un serment solennel ; ce n'était pas de l'aimer toujours, — celui-ci vient tout seul et pour cela ne s'observe pas mieux, — c'était de ne jamais chercher à la voir, un jour de chaque semaine qu'elle désigna ; s'il se parjurait il la perdrait sans retour.

Le lecteur pourrait s'égarer dans beaucoup de suppositions, au sujet de cette journée mystérieusement réservée, mais Ludovico Ariosto nous en révèle le secret. Ecoutez la fée Manto (*Orlando furioso*, *cant.* XLIII) ; elle s'exprime ainsi :

Delle fate io son una, ed il fatale
Stato per farti anco saper ch' importe,
Nascemmo a un punto che d'ognaltro male
Siamo capaci fuor che della morte.

Ma giunto è con questo esser immortale
Condizion non men del morir forte;
Ch' ogni settimo giorno ognuna è certa
Che la sua forma in biscia si converta.
Il vedersi coprir del bruto scoglio
E gir serpendo è cosa tanto schiva
Che non è pare al mondo altro cordoglio
Tal che bestemmia ognuna d'esser viva (1).

La charmante Mélusine, comme sa sœur Manto, était donc soumise à cette infirmité hebdomadaire si cruelle à leur orgueil d'immortelles; chez la première, cependant, la transformation n'était pas complète, elle demeurait femme dans le haut, le reste seul était serpent. Il serait difficile à un homme de décider laquelle de ces deux conditions était la pire. Quoi qu'il en soit, l'époux se contenta d'abord de gémir de cette séparation qui, toutes les semaines, revenait le surprendre au milieu de son bonheur; c'était la période de confiance. Puis il commença à réfléchir; la réflexion le fit voyager bien loin dans le pays des conjectures, au bout duquel il trouva les soupçons et puis encore après, la jalousie. C'était bien toujours de l'amour, mais de l'amour défiant, effarouché. Il demanda en suppliant d'être relevé d'un serment qu'il lui était impossible de garder plus longtemps. Un serment est chose trop sacrée pour le rompre, c'est ce qu'on lui fit entendre avec force larmes et force tendresses; bref, ce pauvre mari ne sut pas se résigner à être heureux six jours sur sept; il était fort à plaindre assurément, et un

(1) Je suis une des fées, et pour que tu saches leur destinée, nous naissons soumises à tous les maux, excepté la mort. Mais cette immortalité est à une condition non moins dure que le trépas : chaque septième jour, chacune de nous est sûre d'être changée en serpent. Se voir couvrir d'une horrible écaille et marcher en rampant, c'est chose si affreuse qu'il n'est pas au monde de crève-cœur pareil, et chaque fée maudit alors la vie qu'elle ne peut quitter.

beau matin, se croyant joué, il entre furieux dans l'asile où sa femme se dérobait à tous les regards. Hélas! si c'est un crime de violer le sanctuaire où la beauté retrempe ses attraits, si c'en est un de chercher à pénétrer le secret des charmes qui nous ravissent, on doit s'imaginer l'effet de l'indiscrète violence du jeune baron, sur Mélusine surprise dans le triste déshabillé de sa métamorphose. Outrée de colère et de honte, elle s'élance par une croisée dans les profondeurs du ravin, d'où elle regagne sa demeure souterraine. Son mari ne la revit plus; il perdit tout, jusqu'à l'illusion du souvenir; du reste, il ne se remaria point. Etait-ce regret de sa belle épousée? c'est possible. Craignait-il dans une autre femme de trouver de la couleuvre encore? d'aucuns l'ont dit, mais nous n'en croyons rien.

Nous conseillons le retour à Sassenage par la rive gauche du Furon. De là on verra mieux les cascades ainsi que la belle plaine qui s'étend du bourg aux murailles de Grenoble.

Avant de remonter en voiture, on fera bien de visiter l'église qui renferme aujourd'hui des cendres illustres. Lesdiguières fut inhumé, dans la chapelle du château de ce nom, sous un magnifique mausolée qu'il s'était fait préparer par son statuaire, Jacob Richieri. A la révolution, cette belle résidence, négligée par ses propriétaires, tombait en ruine; l'effigie du vieux guerrier fut alors transportée à Gap comme objet d'art et elle fut ainsi conservée. Quant au cercueil, il resta dans la chapelle dévastée, jusqu'en 1822, époque à laquelle il fut transporté, dans l'église de Sassenage, par les soins de la famille de Béranger qui s'était alliée à Lesdiguières. On l'a déposé dans l'ancienne chapelle seigneuriale où un marbre noir *sans inscription* recouvre ce qui fut le dernier connétable de France.

De Sassenage on peut revenir par Fontaine; le chemin qui suit la montagne, présente de beaux aspects jusqu'à la propriété de M. Badon, qu'on ouvre volontiers aux visiteurs. Il y a là de délicieux ombrages, de beaux rochers percés de grottes, tapissés de lières ou couronnés d'une belle végétation. C'sst une retraite favorable aux méditations du philosophe, comme aux inspirations du poëte.

Au-dessus de Fontaine, se dresse encore, sur une éminence rocheuse, la Tour-sans-Venin, autre *merveille* déchue mais que recommandera toujours une admirable vue; cela vaut bien tout ce que supposèrent nos aïeux. Suivant eux, cette tour avait été bâtie sur de la terre apportée de Palestine par le neveu de Charlemagne, le paladin Rolland, et dès lors aucune bête vénimeuse, ou prétendue telle, n'avait approché de ses débris. Cette croyance a duré jusqu'à ce qu'il se soit trouvé quelque mécréant assez indiscret pour chercher, et ce qui est bien pis, pour trouver là, comme ailleurs, tous les animaux dont on niait la présence.

Moins élevée que l'emplacement de la Tour est une promenade charmante appelée le Désert de Jean-Jacques, parce que le philosophe botaniste est venu y cueillir des plantes. Quand on est dans ce lieu bordé des deux côtés par des murailles de rochers, on se croirait bien loin de la demeure des humains; mais lorsque remontant cette gorge, on arrive à l'ouverture supérieure, on est soudain surpris devant l'aspect de la vallée du Graisivaudan, si belle de cet endroit, qu'on a donné à la campagne voisine le nom de Beauregard.

Nous nous bornons à ces indications pour Sassenage et ce qui l'environne, mais si le voyageur voulait pousser son excursion jusqu'à Noyarey et Veurey, il trouverait sur son chemin des beautés qu'il saurait bien sentir, sans qu'on les lui décrive à l'avance. Une course plus longue et plus intéressante encore, surtout pour le naturaliste, serait celle qui le conduirait jusque dans la haute vallée de Lans et du Villard. C'est une contrée délicieuse en été, et la nature y revêt des formes gracieuses, après s'être montrée sur le chemin imposante et sévère. De là on peut redescendre, le long des cascades de la Bourne, dans le Royannais, l'un des pays les plus pittoresques de notre belle province.

LE PONT DE CLAIX (8 kilomètres et demi de Grenoble).

Ce pont a été élevé au commencement du XVIIe siècle, par les soins de Lesdiguières, sur un rocher qu'on avait coupé, deux siècles auparavant, pour faire un nouveau lit aux eaux du Drac et les empêcher de se précipiter directement sur Grenoble. Du temps de Lesdiguières, néanmoins, une branche du torrent passait encore à l'extrémité de la place Grenette et allait, dans les crues, battre le pied des tours de l'Hôtel-de-Ville. Le connétable éloigna cette rivière furieuse qui maintes fois avait compromis l'existence de la ville, et depuis lors le danger est bien moindre.

Le pont de Claix offre une des arches les plus hardies qu'on puisse voir; elle a 46 mètres d'ouverture et 15 à 16 mètres d'élévation. Une porte fermait autrefois le passage, mais on l'a détruite depuis longtemps; elle était chargée d'inscriptions à la gloire du roi Henri et de Lesdiguières.

Ce pont a aussi été considéré comme une des *sept merveilles* du Dauphiné; mais comme, avant celle-ci, on en comptait déjà tout autant, il est à présumer qu'on l'avait substituée à quelque autre qui, pour être usée ou seulement moins bien en cour, céda son emploi et fut admise à la retraite, comme on dit de notre temps.

VIZILLE (17 kilomètres de Grenoble).

Cette petite ville est célèbre par la mémoire du connétable et par les souvenirs plus récents de la première assemblée dauphinoise.

Le château offre une masse imposante et d'un aspect sévère du côté de la ville, où les hautes murailles sur lesquelles il s'appuie lui donnent l'apparence d'une forteresse. Le portail de l'ancienne cour d'honneur est encore décoré de l'image en bronze de son premier maître, abritée sous l'archivolte. Cette figure équestre, plus grande que nature et en haut relief, est attribuée à Jacob Richieri.

Du côté du parc, la façade, en partie de style florentin, est ornée d'un magnifique escalier à plusieurs étages de doubles rampes dont l'effet est grandiose.

En 1625, Louis XIII a été reçu par Lesdiguières au château de Vizille; cette résidence contenait alors un arsenal complet pour une armée de 10,000 hommes, et il y existait des casernes pour deux compagnies de gardes.

Naguère encore, la pièce d'eau était bordée de magnifiques peupliers d'Italie qui ont disparu quand la mode anglaise a substitué ses courbes aux grandes et nobles lignes des jardins français. On raconte beaucoup de chroniques sur le château de Vizille ; nous ne parlerons que de celle de la pièce d'eau : elle peint assez bien Lesdiguières et la vieille justice féodale. Il y avait dans ce beau réservoir des truites que Marie Vignon nourrissait de sa main ; l'une d'elles était la favorite de la maîtresse du seigneur ; une belle nuit elle fut pêchée par un audacieux croquant qui fut pris et pendu. Puis, pour perpétuer le souvenir du châtiment, le connétable fit sculpter, sur une pierre, un bas relief représentant une tête d'homme à côté de l'image d'un poisson. Cette pierre existe encore.

Le château, incendié en 1825, a été rétabli par les soins de M. Augustin Périer ; mais l'on regrettera toujours les panneaux chargés de peintures, les meubles, ainsi qu'une série de tableaux historiques représentant les batailles d'Henri IV et celles de son lieutenant Lesdiguières.

URIAGE (12 kilomètres de Grenoble).

Uriage est situé à l'extrémité nord de la vallée de Vaulnaveys, dont Vizille occupe le bout opposé. On peut y venir au retour de Vizille, mais si l'on s'y rend directement de Grenoble, il faut prendre la route de Montmélian jusqu'à Gières, où l'on s'enfonce dans les gorges boisées de Sonnant, à l'issue desquelles se trouve l'établissement thermal.

Cet établissement, l'un des plus remarquables parmi ceux qui appartiennent à des particuliers, a pris depuis quelques années un grand développement. De beaux hôtels y ont été construits et leur population, pendant l'été, remplit les bois et les prés de groupes mouvants et bigarrés. Le dimanche, les voitures de la ville y amènent une foule nombreuse qui augmente l'animation de ce frais paysage. Il y a un magnifique salon pour les bals et les concerts ; on y trouve, en un mot, tous les plaisirs que peuvent offrir les établissements de ce genre. De nouveaux projets d'embellissement existent encore, car l'homme, jeune encore, auquel appartiennent les thermes, ainsi que la superbe terre qui les environne, aime les arts et il veut faire servir sa grande fortune à réunir dans Uriage tous les genres d'attraits.

Le pavillon qui sert de chapelle provisoire n'est rien, mais dans l'intérieur sont de belles toiles dont un Paul Véronèse, qui serait un chef-d'œuvre, si toutes les parties en étaient également réussies.

Le château gothique, auquel on monte par des rampes traversant des pelouses et des taillis, est délabré intérieurement; mais il y a, dit-on, des projets de restauration qui en feront une demeure charmante. En attendant, montez-y toujours; il n'est pas de promenade qui vaille cette petite course. L'art ne se fait sentir sur le chemin qu'autant qu'il faut et sans gâter la nature; il y a un frais ruisseau coulant sous des châtaigniers dont il égaie les ombrages; on suit assez longtemps son cours, et, vers le haut de la colline, on trouve de vieux moulins, aux cloisons de bois verdies par la mousse, au chaume émaillé de petites fleurs parasites, dont le rustique effet semble avoir été combiné pour le site. De la terrasse du château, l'œil embrasse la jolie vallée en coque de navire, ainsi que l'indique son nom (1); à gauche, ce sont les Alpes vues de près, avec leurs forêts et leurs pâturages, sur lesquels se détachent une foule d'*aberts* pittoresquement groupés (2). A l'autre extrémité de la vallée, Vizille et son château se montrent voilés par les vapeurs du matin; au pied du spectateur, la foule des baigneurs s'agite dans les cours de l'établissement, dans les allées sinueuses de la prairie..... Rien de grand et de gracieux à la fois comme cet aspect.

Le château contient, en outre, des curiosités précieuses : A côté de beaucoup d'antiquités égyptiennes et grecques, recueillies par M. de Saint-Ferréol dans un voyage en Orient, on rencontre d'autres antiquités trouvées par lui à Uriage même, et empruntant à cette circonstance une valeur nouvelle : ce sont, entre autres, des statuettes, en bronze, découvertes dans les fouilles récemment faites sur l'emplacement de thermes romains, car Uriage peut

(1) *Vallis navis* serait, dit-on, la racine étymologique de Vaulnaveys.

(2) L'abert est le chalet dauphinois; quelques personnes écrivent *habert* et aspirent l'*h*.

se vanter d'une haute ancienneté et c'est, pour un établissement de ce genre, un titre de noblesse qui n'est pas à dédaigner. Ces statuettes sont, à n'en pas douter, des ex-voto consacrés par la reconnaissance à la nymphe salutaire d'Uriage ; car toutes ont sur certaines parties du corps les stigmates des maux pour lesquels ces eaux sont surtout renommées, pendant que le reste offre des formes pures et rappelant la belle statuaire antique. Outre cela, il y a des meubles anciens, une belle tapisserie représentant une chasse du roi François Ier, un portrait authentique de Bayard, etc. Nous y avons vu encore un magnifique Paul Potter, une collection ornithologique du Dauphiné et enfin, pour terminer dignement cette énumération, nous citerons les augustes os de sa majesté Teutobochus Ier, roi des Teutons.

Pour expliquer cette demi-plaisanterie, il faut rappeler que dans le XVIIe siècle on trouva, dans le Dauphiné et dans une terre appartenant à M. de Langon, des ossements monstrueux que l'on attribua au roi des Teutons, fait prisonnier par Marius. Une portion de ces os fut envoyée à Paris, où les savants d'alors s'escrimèrent vertement pour ou contre les vertèbres de Teutobochus. Les paléontologues d'aujourd'hui, gens incrédules, s'il en fût, soutiennent que ces restes appartiennent à un géant, mais qui ne fut ni monarque, ni homme ; comme d'ailleurs ils sont de composition facile, ils laissent le choix de ces noms, Mastodonte ou Mammouth, pourvu qu'on laisse dormir la cendre de Teutobochus dans sa tombe inconnue. Pourtant, à Uriage on vous montrera une lettre de Louis XIII, écrite à M. de Langon (1), au sujet de ce gros frère en royauté si heureusement exhumé, plus un acte authentique attestant que le monarque fossile reposait bien et dûment sous une voûte de brique que les *Antediluviens* n'ont vraisemblablement pas construite ; vous supposerez, si cela vous plaît, que ce sont les restes de l'éléphant favori d'Annibal, mort après le passage du Rhône, et auquel son maître construisit un tombeau ; bref, vous croirez tout ce que vous voudrez.

Uriage est admirablement placé pour les courses de montagnes. Allez à Chanrousse, la route n'a pas d'obstacles

(1) Uriage appartenait à M. de Langon ; c'est ce qui explique la présence de ces objets dans ce lieu.

et partout elle est pleine d'enchantements : vous traverserez de superbes forêts de sapins, au milieu desquelles s'élèvent des ruches de fourmis comme on n'en voit nulle autre part; au-dessus des bois, votre pied foulera le tapis des pelouses alpines, sur lequel la nature, habile ouvrière, a brodé des fleurs délicieuses, parmi lesquelles nous vous recommandons l'éclatant rhododendron; au milieu des pâturages, vous verrez errer librement de nombreux troupeaux dont vous goûterez le lait sous l'abert hospitalier; au point culminant, vers la croix de Chanrousse, votre regard parcourra la vallée de Graisivaudan, sans qu'il y ait rien qui puisse l'arrêter; du côté opposé, il pourra de cime en cime escalader le Pelvoux, ce géant des Alpes dauphinoises, qui porte fièrement sa tête blanche à 4350 mètres au-dessus de la mer. En faisant quelques pas sur la pente qui regarde l'Oisans, vous apercevrez, au-dessous de vous, le lac Robert caché entre les rochers et dont la neige couvre les bords, jusque vers la fin de l'été. Enfin, en faisant un circuit pour revenir à l'établissement, vous interrogerez les échos de la Chartreuse de Prémol, ruine imposante située dans une vaste prairie que dominent de beaux bois.

Une promenade moins longue est celle qui a pour but la montagne des Quatre-Seigneurs. Cette vue est moins vaste, mais non moins admirable que celle de Chanrousse.

A cette notice incomplète sur Uriage, nous ajouterons l'analyse des eaux; cette analyse a été faite par M. Berthier de l'Institut.

	Sels anhydres.	Sels cristalisés.
Carbonate de chaux	0,000120	0,000120
Sulfate de chaux	0,000710	0,000900
Carbonate de magnésie	0,000012	0,000012
Sulfate de magnésie	0,000395	0,000698
Sulfate de soude.	0,000840	0,002210
A reporter. . .	0,002077	0,003940

	Sels anhydres.	Sels cristalisés.
Report. . . .	0,002077	0,003940
Muriate de soude	0,003560	0,003560
Hydrogène sulfuré libre	0,000013	0,000013
Hydrosulfate de chaux et de magnésie. .	0,000110	0,000110
Acide carbonique. . . . (des traces).		
Azote. . . . (6 cent. cubes par litre).		
	0,005760	0,007623

L'analyse de leur sédiment a donné pour résultat du soufre hydraté, du sulfate de fer, du carbonate et du sulfate de chaux.

Ces eaux contiennent en outre de la glairine en quantité considérable (1).

LA MOTTE-LES-BAINS (32 kilomètres de Grenoble).

Cet établissement, connu depuis longtemps, est situé dans le canton de la Mure. On s'y rend par deux routes dont voici la plus courte. Après avoir suivi celle de Vizille, jusqu'au-dessus du confluent du Drac et de la Romanche, on franchit ce dernier cours d'eau sur un pont de construction nouvelle, et, laissant sur la gauche le village de Champ qu'indique encore de loin une vieille tour, reste d'un château-fort ruiné dans les guerres religieuses, on traverse successivement les territoires de Saint-Georges, Commiers et Monteynard.

(1) Cette analyse est extraite de l'*Album du Dauphiné*, t. 1, p. 146.

La Motte est à une élévation assez considérable, et le pays qui l'environne n'a plus l'aspect de ceux qu'on a parcourus dans la vallée de l'Isère; ses beautés plus sévères ne laissent pas d'être appréciées.

Un vieux château féodal abrite l'établissement thermal, mais on a rajeuni ce qui n'était pas en ruines et l'on vient de reconstruire à neuf toute une grande aile, ensorte que l'édifice se présente aujourd'hui avec d'imposants dehors. Jusqu'à l'année dernière, les eaux de la source thermale y étaient apportées à dos de mulets; depuis que la nouvelle compagnie formée pour l'exploitation de ces thermes s'est mise en possession de l'établissement, elle a apporté sur ce point, comme sur d'autres, une importante amélioration, et maintenant, une puissante machine mise en mouvement par une cascade voisine de la source, monte les eaux jusqu'au château, c'est-à-dire à une hauteur de 283 mètres.

La source thermale sourd sur les bords mêmes du Drac qui se trouve encaissé dans des rives hautes et escarpées. Des travaux d'art empêchent au torrent de l'envahir dans ses crues fréquentes, ensorte qu'elle est toujours sans mélange; sa température atteint 57 à 58 degrés centigrades environ. Une autre source, mais peu considérable et qu'on n'utilise point, est encore plus chaude (60°) : c'est la source de la Dame.

C'est un site à voir que le ravin du Drac; dans cette gorge solitaire les eaux présentent un singulier spectacle. Le torrent roule ses flots impétueux sur un lit de galets, une gerbe écumeuse se précipite de la montagne, pendant qu'enfermées dans un tube, les eaux de la source, obéissant à une impulsion plus forte que celle de la pesanteur, s'élancent contre le ciel.

Tout annonce que les thermes de la Motte, devenus d'un accès facile, jouissant en outre de tous les avantages qui recommandent les établissements de ce genre les mieux tenus, auront désormais tout le succès que méritent les qualités énergiques de leurs eaux.

Analyse faite par l'Académie royale de médecine de Paris.

	Source du Puits, sur 1,000 grammes.	Source de la Dame, sur 1,000 grammes.
	—	—
Acide carbonique libre	quantité indéterminée.	
Carbonate de chaux / — de magnésie } primitivement à l'état de bi-sel	0, 80	0, 64
Sulfate de chaux	1, 65	1, 40
— de magnésie	0, 12	0, 10
— de soude anhydre	0, 77	0, 67
Chlorure de sodium	3, 80	3, 56
— de magnesium	0, 14	0, 12
— de potassium	0, 06	0, 05
Bromure alcalin	0, 02	traces sensibles.
Silicate d'alumine	0, 02	0, 05
Crénate et carbonate de fer	0, 02	0, 014
Manganèse	traces.	traces.
Eau	992, 60	993, 396
	1,000, 00	1,000, 000

ALLEVARD (43 kilomètres de Grenoble).

Ce pays qui se recommandait, il y a quelques années, par ses hauts-fourneaux, seulement, et par ses beaux sites, s'est enrichi d'un établissement thermal dont le succès ne s'est pas fait attendre. Chaque été, les baigneurs y affluent et ce concours d'étrangers a servi à accroître la vieille réputation de cette contrée.

Nulle part, la nature ne s'est montrée sous des formes plus imposantes et plus variées : forêts ombreuses, vastes pelouses, eaux magnifiques, étincelants glaciers, lacs prodigieux suspendus à la hauteur des neiges éternelles; toutes les merveilles des Alpes, en un mot, sont réunies autour d'Allevard et en font un pays privilégié entre tous ceux que le voyageur visite.

Après avoir remonté la rive gauche de l'Isère jusqu'à Goncelin, on s'élève, par une pente assez longue et assez raide, jusqu'à l'entrée d'une gorge qui s'ouvre de plus en plus et forme à la fin un beau vallon, au milieu duquel est bâti Saint-Pierre; un peu plus loin, est le bourg d'Allevard assis au point où le Bréda, descendant des gorges de Pinsot, débouche dans ce même vallon. Nous ne décrirons point les beautés de cette route, les magnifiques aspects de la vallée de Graisivaudan vue des hauteurs de Morêtel, les profondeurs de la sombre gorge du Fay, les ruines des vieux manoirs dont les grises murailles tranchent sur le fond vert des bois. D'ailleurs, à quoi bon dire toujours au voyageur : vous regarderez ceci, vous admirerez cela, comme s'il n'avait ni des yeux pour voir, ni de l'âme pour sentir? Et puis, parmi les belles choses stéréotypées à l'usage des touristes, il en est tant qui laissent le spectateur froid, pendant que d'autres, rejetées pourtant par le *Guide*, l'impressionnent vivement. Il faut abandonner quelque chose à l'imprévu, d'autant mieux qu'on appréciera davantage un site dont on aura, de soi-même, découvert les beautés et qu'on pourra supposer avoir échappé aux admirations vulgaires et banales. C'est là surtout ce qui rend notre pays supérieur à la Suisse pour les intelligences d'élite. La solitude y est bien solitaire; les petites précautions à l'usage des visiteurs ne s'y révèlent pas à chaque instant; la grandeur de nos montagnes y semble indomptée, et il ne tient qu'au voyageur de croire, vingt fois le jour, que nul homme avant lui n'a foulé le sol qui le porte.

Nous nous contenterons donc de signaler à notre lecteur les lieux principaux où il peut trouver du plaisir.

La promenade la plus rapprochée du bourg d'Allevard est celle du *Bout-du-Monde*, ainsi nommée de ce que les eaux et les rochers opposent une barrière infranchissable à celui qui a remonté, jusque-là, le cours impétueux du Bréda. A côté de ces cascatelles, est le haut-fourneau, où l'on peut voir le spectacle curieux de torrents de feu se condensant en masses de fonte, de diverses formes, dans des moules de sable.

La montagne de *Brâme-Farine* offre un admirable point de vue et un divertissement assez singulier. On en redescend sur des traîneaux de ramée que dirigent de robustes gars au pied solide, par la voie la plus courte, c'est-à-dire en ligne droite.

Saint-Hugon a surtout de belles forêts qu'animent les eaux du Bens; de l'autre côté de ce torrent, qu'on franchit sur un pont appelé le *Pont-du-Diable*, sont les ruines pittoresques d'une chartreuse fondée par saint Hugues, évêque de Grenoble, et démolie à la Révolution. La rive droite du Bens appartient à la Savoie.

Le glacier du *Gleysin* s'élève au-dessus d'Allevard, ainsi que celui du *Grand-Charnier* dont le nom, suivant une chronique, viendrait du massacre des derniers Sarrazins qui, du temps de l'évêque Isarn, avaient fui, dans ce lieu élevé, l'épée triomphante des Chrétiens.

Les *Sept-Laux* ou Sept-Lacs offrent un spectacle qu'on chercherait vainement ailleurs; quelques détails sont ici nécessaires : dans une vallée située à plus de 2000 mètres au-dessus du niveau de la mer et longue de près de deux lieues, sont espacés plusieurs réservoirs d'une eau limpide et glacée, dont sept seulement ont mérité le nom de lac Leurs bords sont couverts de débris de roches écroulées à la suite d'un bouleversement, dont le souvenir existe encore dans le nom de *montagne abîmée* qu'on donnait autrefois à ce lieu. Sur les rives des lacs inférieurs, la neige résiste presque tout l'été aux rayons à peine tièdes du soleil, et quant au Lac-Blanc, le plus élevé de tous, il est presque toujours gelé. Nous l'avons vu vers la fin d'un été très-chaud; la plus grande partie de sa surface était encore couverte d'un banc de glace qui tendait pourtant à s'enfoncer dans l'eau, sous le poids de la neige qui le couvrait.

Plusieurs de ces lacs ne nourrissent aucun poisson. Les moins élevés, ceux surtout qui regardent l'Oisans, ont d'excellentes truites saumonées et de petits poissons au ventre orangé, dont nous avons mangé une friture servie sur une énorme pierre, sorte de plat pantagruélique dressé sur une éminence qui sépare deux lacs.

On trouve également, sur les bords de quelques lacs, une variété de grenouilles, mais ce ne sont plus les agiles sauteuses de nos marécages; paralysées par le froid, elles peuvent à peine fuir le pied qui les menace. Nous avons nous-mêmes tué, dans ces lieux, une vipère que nous ne nous attendions pas à rencontrer dans ces hautes régions; elle ne différait, d'ailleurs, de ses congénères, que par sa coloration généralement d'un gris pâle et assez semblable à celle des roches où elle avait fait sa demeure. La montagne des Sept-Laux est d'ailleurs fréquentée par des animaux d'un ordre supérieur; on y voit souvent des troupeaux de chamois bondir de rocher en rocher pour fuir la balle du chasseur. La marmotte y creuse son terrier; elle s'y nourrit du petit nombre de végétaux qui se basardent à cette hauteur, où la nature engourdie épuise son dernier effort de production.

La pêche des lacs n'a lieu que pendant deux ou trois mois de l'année. Les cabanes des hommes qui viennent jeter leurs lignes et leurs filets sur le sommet des Alpes, sont construites en blocs énormes de pierre, afin de pouvoir supporter la pression considérable des neiges accumulées dans le creux de cette singulière vallée, où, pendant l'hiver bien entendu, les eaux sont solides comme les roches de leurs rivages.

Rien n'est majestueux comme cette âpre solitude alpine. Quand on est au centre de la vallée des lacs, le regard n'embrasse de toutes parts que des cimes escarpées et neigeuses, dominant des eaux qui ne peuvent refléter que les teintes grises et blanches de leurs bords; aussi se croirait-on volontiers transporté magiquement sur une de ces terres boréales décrites par les navigateurs; il n'y manque plus que quelque morse ou quelque veau marin étendu sur les pierres, ou bien encore, quelque ours polaire foulant la neige de son large pied.

D'Allevard on peut encore aller visiter les ruines du château Bayard, près de Pontcharra. Le site est merveilleux; mais après tout ce qu'on a déjà vu, ce qu'on y cherche surtout, ce sont les souvenirs du guerrier illustre qui y a pris naissance et qui en a gardé le nom, sous lequel sa gloire est devenue populaire.

Le voyageur fera bien de traverser l'Isère au pont de la Gâche, et de revenir à Grenoble par la rive droite; de ce côté l'aspect est tout à fait différent de celui qu'offrait la rive gauche, il est généralement plus beau.

Pour terminer sur Allevard et ses environs, nous donnons ici l'analyse de ses eaux thermales.

Suivant M. Gueymard, un litre a donné :

Argile.	0,089
Carbonate de chaux.	0,322
Carbonate de magnésie	0,032
Sulfate de chaux	0,055
Sulfate de magnésie	0,215
Sulfate de soude.	0,289
Chlorure de sodium	0,416
Acide carbonique (quantité indéterminée).	
Proto-sulfate de fer et azote (des traces).	
	1,428

M. Breton, doyen de la faculté des sciences, y a trouvé en outre de l'acide hydro-sulfurique libre à la quantité de 14 centimètres cubes (1).

(1) Cette analyse a été empruntée à l'*Album du Dauphiné*, t. 3, p. 200.

CHALAIS (18 kilomètres de Grenoble).

Chalais est un ancien monastère situé au-dessus de Voreppe et sur le versant des montagnes de la Chartreuse qui regarde le sud-ouest. Sa position, dans une prairie qu'encadrent des bois de sapins, est des plus gracieuses : du haut d'un rocher qui domine le bourg de Voreppe, et où l'on a placé un pavillon, on découvre, entre autres pays, une partie du cours de la basse Isère et les campagnes qui environnent Moirans et Tullins. L'église de Chalais est intéressante par son ancienneté ; elle offre les caractères distinctifs du style roman.

Ce monastère, après avoir appartenu aux bénédictins, passa aux chartreux ; à la révolution, il fut vendu nationalement, et il est resté propriété particulière jusqu'en 1844, époque à laquelle il a été acquis par M. Lacordaire qui y a amené une colonie de ses dominicains.

On ne peut parler de Chalais sans dire un mot de Voreppe, bourg populeux, situé à l'entrée des Alpes. Son nom latin, Vorapium, est, dit-on, formé des deux mots, *Vorago Alpium*, qui indiquent sa position. Ce bourg était du domaine des anciens dauphins, et l'on doit ajouter que c'était là une exception, l'alliodalité étant la règle générale de la province où régnait la maxime : *nul seigneur sans titre*, par opposition à celle qui régissait d'autres contrées : *nulle terre sans seigneur*. Voreppe existait, autrefois, dans une position différente de celle qu'il occupe aujourd'hui, et il paraît qu'il fut détruit par un éboulement de la montagne. Dernièrement encore, il s'est manifesté, près de l'emplacement de l'ancien Voreppe, un mouvement dans la masse du rocher ; mais la cause en est connue et devait être prévue. Ce rocher, de pierre tendre appelée *molasse*, fort employée dans les constructions, avait été creusé en profondes galeries, dont les voûtes reposaient sur des piliers ménagés de distance en distance, avec assez de symétrie pour donner à la carrière l'apparence d'un immense temple souterrain. Ces piliers, trop faibles, se sont écrasés sous le poids qu'ils soutenaient, et il en est résulté un affaissement de la masse supérieure et des déchirures qu'on peut apercevoir de la route même.

L'église de Voreppe, bâtie sur la hauteur qui domine le torrent de Roize, offre un aspect assez pittoresque.

LA GRANDE-CHARTREUSE (38 kilomètres de Grenoble).

Deux routes principales conduisent de Voreppe à la Chartreuse; l'une remonte le torrent de Roize, l'autre fait le tour par Voiron; celle-ci est la plus belle, et, d'ailleurs, elle donne l'occasion de voir les beaux paysages qui s'étalent sous les rampes de la Buisse, la jolie ville de Voiron et les gorges du Crossey, qui sont comme la préface d'un livre, si ce livre est la Chartreuse.

Voiron est bâti dans une jolie position; on y remarque une belle place ornée d'une fontaine dont l'ensemble est bien, mais dont les détails ne souffrent pas l'examen. Cette ville compte près de 8,000 âmes; elle a produit beaucoup d'hommes distingués, dans un temps où elle n'était guère qu'une bourgade; nous avons nommé ailleurs Calignon, Expilly et Guy-Allard. Aujourd'hui Voiron fabrique des toiles, et il ne faut pas médire de ce produit, car il a fait la fortune de cette ville.

Saint-Laurent-du-Pont est le lieu de halte des voitures. De là, on monte, sur des mulets, à la Grande-Chartreuse, par la route la plus accidentée et la plus pittoresque. La végétation y est d'une beauté qu'on admirerait partout, mais qui est un sujet d'étonnement dans le désert de la Chartreuse. Sur des roches dépourvues de toute terre végétale, on voit debout et avec toutes les apparences de la vigueur, des arbres qui vont, à travers quelques fissures, puiser la sève et la vie dans des sources invisibles. Des escarpements, d'une hauteur prodigieuse, sont ainsi, quelquefois, tapissés de sapins qui s'élancent jusqu'aux plus hautes cîmes, en sorte qu'il semble que d'arbre en arbre on pourrait monter des bords du Guiers aux pics les plus ardus.

Fourvoirie, le pont Pérant, le rocher de l'OEillette et, surtout, la perspective de la Croix-Verte : voilà des sites où le voyageur s'arrêtera toujours. Non loin de là, on arrive au point d'où l'on commence à découvrir l'immense monastère, avec ses clochers et ses hauts pignons d'ardoises, sur une prairie inclinée que des sapins séparent de la montagne du Grand-Som.

L'aspect de ces constructions dans une solitude pareille, impressionne toujours, et puis, nul bruit ne sort de ces murailles, nul être humain ne se montre aux nombreuses fenêtres; on croirait qu'il n'y a là aucun habitant, à ce silence complet qu'on ne trouve pas ordinairement auprès de la demeure des hommes.

Cependant, ce silence cesse à l'heure de la prière commune : la cloche ébranle le beffroi du monastère, ses notes mélancoliques se répandent dans le désert où l'écho les répète, jusqu'à ce qu'elles se perdent dans le bruit des eaux, dans le soufle du vent, dans le frémissement des bois. Bientôt après, des chants se font entendre; cette psalmodie, dont les graves et monotones accords s'échappent au dehors de l'édifice saint, est d'un prodigieux effet; elle semble sortir d'un tombeau. Et qu'est-ce que la Chartreuse, sinon une tombe où quelques hommes viennent s'ensevelir vivants, eux et les douleurs qui ont brisé leur vie?

Au-dessus du monastère, la chapelle de la Vierge et celle de Saint-Bruno sont dans de beaux sites couronnés de forêts. On monte de là sur le Grand-Som, d'où la vue s'étend, entre autres lieux, sur le lac du Bourget et sur le cours du Rhône, dont la ligne argentée s'efface insensiblement dans l'azur d'un horizon lointain.

La chartreuse a été fondée par saint Bruno, en l'année 1084; saint Hugues, évêque de Grenoble, l'y amena lui-même, ainsi que ses premiers compagnons. Leur premier établissement eut lieu vers l'emplacement qu'occupe aujourd'hui la chapelle qui porte le nom du fondateur; mais une avalanche l'ayant renversé, les moines descendirent à l'endroit où ils sont maintenant. De nouveaux désastres les ont atteints à cette place qu'ils n'ont jamais quittée; divers incendies consumèrent les bâtiments du monastère, mais toujours on le vit renaître de ses cendres avec plus de grandeur et d'éclat. Le dernier incendie est de 1676; c'est après ce dernier événement que Dom Masson, général de l'ordre, a fait construire l'édifice actuel.

Avant la Révolution, la Grande-Chartreuse était immensément riche; presque toute la vaste enceinte des montagnes, où elle est située, était sa propriété ou relevait de son domaine; les pauvres pères chartreux, outre le grand monastère, avaient encore Chalais, Currière et la Courrerie; ils s'intitulaient seigneurs de la Ruchère, Entremont, Entre-deux-Guiers, Saint-Laurent-du-Pont, Villette et Miribel. Le gibier gros et menu abondait dans leurs forêts séculaires; à la vérité ils ne le mangeaient pas, mais de nombreux étangs et les eaux du Guiers leur fournissaient une grande quantité de poisson que la règle ne proscrit pas de leur table. En outre, comme chef d'ordre, le monastère recevait des autres chartreuses, répandues en grand nombre dans l'Europe catholique, le tribut de certaines redevances annuelles. Chaque année, les prieurs de ces couvents se rendaient à la mère-maison pour le chapitre général. C'est aussi à la Grande-Chartreuse qu'avait lieu l'élection du général de l'ordre, et celui qui avait été revêtu de cette haute dignité, ne pouvait plus dès lors quitter cette résidence.

Il y avait, autrefois, dans les batiments de la Courrerie, une imprimerie qui fournissait toutes les chartreuses des livres liturgiques ou autres en usage dans l'ordre. Les éditions de l'ancienne imprimerie sont aujourd'hui recherchées par les bibliographes. La bibliothèque de Grenoble en possède un assez grand nombre.

Les chartreux n'ont plus aujourd'hui que la jouissance des bâtiments qu'ils occupent, et des pâturages situés dans l'enceinte du désert; l'État leur concède également, à titre gratuit, le bois qui leur est nécessaire. Ils n'ont plus ni terres, ni forêts, ni étangs, ni seigneuries : en un mot, ils ont perdu leur antique opulence, cependant, ils sont loin d'être pauvres. Les pâturages nourrissent de magnifiques troupeaux dont le lait, converti en grande partie en beurre ou en fromage, sert à la consommation de la maison qui est immense, surtout dans l'été que des milliers de voyageurs y reçoivent l'hospitalité, moyennant une rétribution modérée. La chère n'y est pas merveilleuse, mais va-t-on à la Chartreuse pour la satisfaction d'un besoin gastronomique? Nous ne savons plus quel plaisant disait : « j'ai passé trois omelettes à la Grande-Chartreuse; » c'est comme si un enfant des forêts américaines eût dit : « j'y ai séjourné trois soleils. » Il y a pourtant, dans cette indication, une erreur possible, car il arrive quelquefois que l'omelette accomplit, sous le même soleil, une double révolution. Au surplus, puisque nous sommes à ce genre de détails, nous ajouterons, pour rassurer le voyageur, que, dans l'été, les fraises y sont délicieusement parfumées, que le lait et le beurre y ont un goût exquis, et ce régal, dont la nature fait à peu près tous les frais, suffit bien pour faire passer tout le reste.

Les dames logent dans un bâtiment situé hors de l'enceinte du monastère et qu'on nomme l'infirmerie. La curiosité féminine a quelquefois emprunté des déguisements plus ou moins heureux pour parvenir dans l'enclos défendu. Anciennement, on purifiait avec le feu les traces laissées sur les dalles humides du cloître par le pied que Satan y avait introduit. Aujourd'hui, on se contente de repousser toute masculinité suspecte.

Il n'y a, du reste, à l'intérieur rien qui puisse solliciter bien vivement la curiosité. L'église, la salle capitulaire, la bibliothèque sont peu remarquables, cependant il existe un reste de vieilles arcades qui ont survécu au dernier incendie et qui produisent de l'effet. Ce qui étonne le plus, c'est la longueur des principaux cloîtres; elle est de 200 mètres au moins. On ne peut se défendre d'une certaine surprise si, d'une extrémité, on voit, à l'autre, glisser une ombre blanche, singulièrement rapetissée par l'éloignement et n'éveillant aucun écho sur la dalle qu'elle foule.

Ceux qui se sentent la force d'entreprendre une course pédestre un peu longue, feront bien de rentrer à Grenoble par le chemin du Sapey. Les villages renfermés dans ces montagnes ont un aspect particulier qu'on ne retrouve pas ailleurs. Et puis, quand, des gorges au dessous du Sapey, on arrive sur les hauteurs de Corenc, on a une vue des plus magnifiques sur Grenoble et sur la vallée de l'Isère.

Ici nous prendrons congé du voyageur, car nos fonctions de *guide* sont remplies; nous nous en sommes chargé avec défiance, et bien que nous ayons fait de notre mieux, nous doutons fort d'avoir réussi.

Dans un cadre dont les limites étaient rigoureusement tracées, bien des choses ont été omises, qui cependant étaient de nature à intéresser le voyageur. Ce que nous avons signalé à son attention n'est qu'une partie des beautés de notre pays: ainsi, nous ne l'avons pas conduit dans la vallée de l'Oisans, si curieuse pour le contemplateur de la nature, soit qu'à l'ensemble il demande des impressions, soit que, s'attachant aux détails, il surprenne le secret de la formation géologique de cette contrée ou qu'il collectione ses richesses minéralogiques et botaniques. Nous avons laissé de côté le Trièves, le Valbonnais et la Matésine; nous n'avons pas décrit les rives de la basse Isère, si dignes d'être visitées par le voyageur et d'être étudiées par l'artiste; nous n'avons pas dit un mot des jolies vallées situées entre les Alpes et le Rhône, et pourtant, que de charmants sites sont cachés dans les plis de leurs verts coteaux! Le vallon de Saint-Geoire, celui qui renferme les belles eaux du lac de Paladru, celui où est bâti le bourg de Virieu, tout cela est plein de grâce et de fraîcheur. Si l'on descend ensuite jusqu'au Rhône, on trouve, non loin de ses bords, la belle grotte de Notre-Dame-de-la-Balme et la ville moyen-âge de Crémieux avec ses restes de forts, ses portes ogives et ses maisons gothiques, le tout pittoresquement assis dans un vallon ou groupé sur deux coteaux. Enfin, si l'on suit le fleuve jusqu'au-dessous de Lyon, dont une partie a emprunté le sol dauphinois, on entre dans l'antique cité de Vienne. Elle est déchue, sans doute, de sa splendeur passée, mais elle est belle encore par sa situation et surtout par les souvenirs qu'on peut recueillir partout : sur ses monuments encore debout, ou sur les débris qui recouvrent le sol de cette ancienne capitale des Gaules.

Si nous avions voulu décrire tout cela avec quelques détails, si nous avions évoqué tous les souvenirs historiques qui dorment dans l'oubli, nous aurions fait un livre ou plutôt un volume, ce qui n'est pas tout-à-fait la même chose. En l'état, nous n'offrons au voyageur que des croquis rapidement esquissés par notre plume; s'ils servent à l'occuper quelques instants, pendant ses courses à travers notre pays, s'ils peuvent ensuite rappeler à sa mémoire les lieux qu'il a parcourus, nous serons pleinement satisfaits. Nos prétentions ne sont pas au-delà de cette modeste utilité.

FIN.

TABLE.

FIN DE LA TABLE.